中國史學基本典籍叢刊

漢官六種

〔清〕孫星衍 等輯
周天游 點校

中華書局

圖書在版編目(CIP)數據

漢官六種/(清)孫星衍等輯;周天游點校. —北京:中華書局,1990.9(2024.8重印)
ISBN 978-7-101-00574-5

Ⅰ.漢… Ⅱ.①孫…②周… Ⅲ.官制-中國-東漢時代 Ⅳ.D691.42

中國版本圖書館CIP數據核字(2008)第064575號

責任編輯:胡　珂
封面設計:周　玉
責任印製:韓馨雨

漢　官　六　種
〔清〕孫星衍 等輯
周天游 點校
*
中 華 書 局 出 版 發 行
(北京市豐臺區太平橋西里38號　100073)
http://www.zhbc.com.cn
E-mail:zhbc@zhbc.com.cn
三河市航遠印刷有限公司印刷
*
850×1168毫米 1/32 · 8¼印張 · 2插頁 · 152千字
1990年9月第1版　2024年8月第5次印刷
印數:7501-8100册　定價:42.00元

ISBN 978-7-101-00574-5

點校説明

秦、西漢時期，是封建中央集權的統一國家的奠基時期，官僚制度和禮儀制度均處於草創階段，幾經變易調整，始初具規模。凡諸制先後頒行的具體規定，皆隨律令下在理官，藏於几閣，均闇而未彰，鮮有能説其詳者。連通人司馬遷也未能述作百官之制，禮書、封禪書等所言漢諸禮儀，亦省略疏闊，難遂人意。東漢中興，諸制漸趨定型，爲宣揚治國規範，維護統治秩序，「令人無愚智，入朝不惑」，〔一〕整理和撰述漢代官制及相關禮品儀式，成爲當時統治階級的迫切需要。于是漢官之作，應運而生。

班固撰漢書百官公卿表，首開正史述官制之例，其記「漢承秦置官本末，訖于王莽，差有條貫」，〔二〕是研究秦漢官制的最原始、最基本的資料。然而該表的缺陷是顯而易見的，主要問題是「僅列官府之目，未詳分職之名」，〔三〕又「六百石以下之官吏，沿革每漏而不記，令長下之丞，只記有幾丞，而不記某丞之名」，〔四〕令讀者不得而詳。因此復爲訂補，重加著述，勢在必行。這也是漢官六種竟相問世的重要原因。

所謂漢官六種，是東漢時期陸續産生的六部關於漢代官制儀式的著作的總稱。現分別簡介於下：

其一曰漢官，作者不詳，成書年代亦不詳。隋志曰五卷，通志略曰今存一卷，其他公私目録，均未著録。漢末應劭曾爲之作注。其佚文僅見於續漢百官志注和郡國志注，内容側重於公卿員吏的人數和品秩，并附記諸郡郡治距京師洛陽的里程。

其二曰漢官解詁，計三篇。原名小學漢官篇，建武中新汲令王隆撰。其書「略道公卿内外之職，旁及四夷，博物條暢，多所發明」。〔五〕以童蒙之書形式出現，使學童從小熟悉舊制儀品，是該書與其他五種漢官的主要區别，其社會影響也因此更爲廣泛。深諳官制儀式的東漢中後期重臣胡廣，素有「萬事不理問伯始」之譽。他看中小學漢官篇，并親自爲其作解詁，也説明該書在總結漢官制中，確有獨到之處。然而由于小學形式的局限，王隆之作雖稱精要，却難言其詳。其主角地位漸爲胡廣注所取代，而形成正文基本散亡，而胡注仍被較多徵引的狀況。

其三曰漢舊儀，隋志曰四卷，漢衛宏撰。宏字敬仲，光武時曾任議郎。還著有漢中興儀一卷，隋時已亡，無從考索。漢舊儀以載西漢之制爲限，不僅叙及官制，而且有很大的篇幅叙及諸禮儀之制，如藉田、宗廟、春蠶、酎、祭天等。所以舊史志及私家著録多將其列入儀注類。其書本有注，史、漢注中所引漢儀注者即是。因其内容豐富，長期以來一直深受重視。宋陳振孫直齋書録解題言其書名爲漢官舊儀，元馬端臨文獻通考、明永樂大典均同，清四庫舘臣輯本亦據以爲目，皆以其所載官制爲多之故，并非原書名如此。

其四曰漢官儀，凡十卷，漢軍謀校尉應劭撰。時獻帝遷都於許，「舊章堙没，書記罕存」，〔六〕劭綴集所聞，而作此書。于六種漢官之作中，漢官儀最爲系統而翔實，史注及唐宋類書徵引亦最多。然其引書或作漢官鹵簿圖，或作漢官名秩，或作狀人紀，疑皆其書篇名。又宋時李埴曾續補一卷，多採自正史，早亡。

其五曰漢官典職儀式選用，凡二卷，漢衛尉蔡質撰。「雜記官制及上書謁見禮式」。〔七〕書名或省作漢官典職，或省作漢官典儀，甚或作蔡質漢官。宋時李埴補作一卷，亦早亡。

其六曰漢儀，一卷，吴太史令丁孚撰。其書始著録於新唐志，作丁孚漢官儀式選用，史略省作漢官儀式。因書名與蔡質之作雷同，或疑其本爲一書。然續漢志補注皆引作丁孚漢儀，當自爲一書，不過較他書簡略，流傳不廣，鮮爲人知罷了。

以上六書，唐時均有散佚，宋時唯存漢舊儀三卷，漢官儀一卷，漢官典職一卷。明清之際，殘本亦不復存。

六書之後，晉司馬彪撰續漢書，專立百官志，較漢書百官公卿表詳于職掌，是研究秦漢官制不可多得的基本史料。但是，其「成書較後，頗有闕遺」。〔八〕據其序所言，六種漢官之書，司馬彪唯採漢官解詁，因而不少之處尚待其他諸家之書來訂補。劉昭注中大量引用漢官六種之文，卽爲其證。

漢官六種佚文在很大程度上彌補了班表、彪志的不足，是漢代官制儀式最原始、最豐富的系統記述，具有很高的史料價值，與班表、彪志一樣，是研究秦漢官制儀式不可或缺的寶貴資料。不僅如此，由于漢官六種的問世，此後歷代相因，「正史表志，無復百僚在官之名矣。搢紳之徒，或取官曹名品之書，撰而録之，别行于世」。〔九〕此風至清不衰，蔚成大觀。所以在中國古代職官文獻中，漢官六種也占有擧足輕重的地位。

有鑒於此，自宋以來，就有學者相繼致力于漢官六種的輯佚工作。最早的輯佚者當推南宋高似孫，其所輯漢官，乃「依擬周禮，定位分職，各有條序」。〔一〇〕可見是經過了再加工，與後來輯本有異。惜其書早佚，不可明瞭其輯例。

今可知見的漢官輯本凡六種，按其成書早晚排列於下：

一、元陶宗儀輯應劭漢官儀，見説郛。

二、清紀昀等輯衛宏漢舊儀，見武英殿聚珍版書。

三、清孫星衍輯漢官六種，見平津館叢書。

四、清黄奭輯漢官六種，見漢學堂叢書（後改稱黄氏逸書考）

五、清王仁俊輯衛宏漢舊儀，見玉函山房輯佚書續編。

六、清王仁俊輯應劭漢官儀，見經籍佚文。

以上六種輯本之質量相差甚爲懸殊。陶輯成書雖早，但僅輯一種，輯文亦寡，且無出處，唯輯文後數條，與今本唐宋類書所引多異，略有參考價值。四庫舘臣所輯，體例較爲嚴謹，輯文也較豐富，然而據永樂大典所輯二卷，與史注和類書所引參校考訂不足，補遺部分草率收兵，脱漏甚多。王仁俊二輯，名義上各爲一卷，實則各僅一條，唯有補充出處之益。諸輯中最稱詳備的當推孫輯。其優點有四：一爲輯書全，二爲輯文多，三曰出處詳，四乃考辯較爲精當。之所以如此，除孫氏本人功底較深外，取資於章宗源輯本，並延請嚴可均以預其役，是至關緊要的因素。王重民先生于清代兩大輯佚家傳中指出：「今平津舘叢書有漢官一卷，漢官解詁一卷，漢舊儀二卷附補遺二卷，漢官儀二卷，漢官典職儀式選用一卷，漢儀一卷，疑并爲逢之（章宗源字）原稿，而孫氏校補較多，故遂不出先生名也。又按平津舘本漢官儀（此應指卷上）與嚴氏全後漢文卷三四所輯全同，則孫氏殆延嚴可均校輯，因是不題逢之之名也。」又嚴可均北堂書鈔原本一文曰：「嘉慶中淵如約王伯申略校，是時漢魏晉佚書輯本，及章鳳枝（卽逢之）佚書輯本，滙聚淵如所者，不下七八百種。」正因爲孫星衍吸取了衆輯本之成果，才使其輯本躍居諸輯之冠。當然孫輯校勘未審，衍訛脱漏之處時有所見，錯引他書之文亦屢有發生，用之不能不慎。而黄輯則全本孫輯，唯增案語一句。其鈔録刊刻，過于疏略，不僅未能刊正孫輯之失，反而復增舛謁，甚至漏刻漢官儀凡兩頁計十條。可以這樣説，諸輯之中以黄奭輯本最爲低劣。有鑒於此，本書未將黄輯收入。

爲了給讀者研究秦漢官制提供方便，特將除黄輯以外的五種輯本所輯各書，分隸於六種漢官相應書中，詳見目録。又諸輯版本或一種或多種不一，凡有數種版本者，堅持寧早勿後原則，只在初刻本無法取用情況下，才選用晚出佳本。具體選擇如下：

一、陶輯用清順治三年宛委山堂刊説郛本。

二、四庫館臣輯本用浙江書局刊武英殿聚珍版叢書本。

三、孫輯用清嘉慶中蘭陵孫氏刊平津館叢書本。

四、王仁俊輯漢舊儀，用上海圖書館藏玉函山房輯佚書續編稿本。

五、王仁俊輯漢官儀，用上海圖書館藏經籍佚文稿本。

本書點校體例，皆依中華書局二十四史校點之例。其中續漢志補注和唐宋類書各種版本均不誤，唯諸輯引誤者，一律改正，並出校記説明之。又書末附職官索引，以備檢索。限于筆者水平，錯誤在所難免，敬祈讀者隨時指正。

周天游
一九八六年十二月于西安

注釋

〔一〕見續漢百官志一注。
〔二〕見續漢百官志序。
〔三〕王國維齊魯封泥集存序。
〔四〕陳直漢書新證序。
〔五〕見續漢百官志一注。
〔六〕後漢書應劭傳。
〔七〕陳振孫直齋書録解題職官類。
〔八〕王國維齊魯封泥集存序。
〔九〕隋書經籍志史部。
〔一〇〕高似孫史略卷六。

目録

漢官一卷

漢官一卷

清孫星衍輯

太傅，長史一人，秩千石，掾屬二十四人，令史、御屬二十二人。

建武十二年八月乙未詔書，三公舉茂才各一人，廉吏各二人；光祿歲舉茂才四行各一人，察廉吏三人；中二千石歲察廉吏各一人，廷尉、大司農各二人；將兵將軍歲察廉吏各二人；監察御史、司隸、州牧歲舉茂才各一人。案：此條引作「漢官目錄」。

司徒掾屬三十人。案：此條引作「漢官目錄」，「司徒掾屬」四字從續漢志補，以小字別之，下凡倣此。

司空掾屬二十四人。〔一〕案：此條引作「漢官目錄」。

太常員吏八十五人，其十二人四科，十五人佐，五人假佐，十三人百石，十五人騎吏，九人學事，十六人守學事。

太史待詔三十七人，其六人治曆，案：唐六典十引「太史屬員有理曆六人」，因避唐諱改。三人龜卜，三人廬宅，四人日時，三人易筮，二人典禳，九人籍氏、許氏、典昌氏，各三人，嘉法、請雨、解事各二人，醫二人。〔二〕案：各本引此條俱作「漢官儀」。

太史靈臺待詔四十一人，其十四人候星，二人候日，三人候風，十二人候氣，三人候晷景，七人候鍾律。一人舍人。案：唐六典十引漢官「靈臺員吏十三人，靈臺待詔四十六人」。

太祝員吏四十一人，其二人百石，二人斗食，二十二人佐，二人學事，四人守學事，九人有秩。〔三〕百五十人祝人，宰二百四十二人，屠者六十人。

太宰明堂丞一人，二百石。員吏四十二人，其二人百石，二人斗食，二十三人佐，〔四〕九人有秩，二人學事，四人守學事。宰二百四十二人，屠者七十三人，衞士一十五人。

太予樂令員吏二十五人，其二人百石，一人斗食，〔五〕七人佐，十人學事，四人守學事。〔六〕樂人八佾舞三百八十人。

高廟員吏四人，衞士一十五人。

世祖廟員吏六人，衞士二十人。

先帝陵每陵食監一人，秩六百石。監丞一人，〔七〕三百石。中黄門八人，從官二人。

光禄勳員吏四十四人，其十人四科，三人百石，二人斗食，〔八〕二人佐，六人騎吏，八人學事，十三人守學事，一人官醫。衞士八十一人。

陛長，墨綬銅印。

孝廉郎作，主羽林九百人。二監官屬史吏，皆自出羽林中，有材者作。

奉車都尉三人。

駙馬都尉五人。

騎都尉一十人。

光禄大夫三人。

太中大夫二十人，秩比二千石。

中散大夫三十人，秩比二千石。

諫議大夫三十人。

議郎五十人，無常員。

謁者三十人，其二人公府掾，六百石持使也。

衞尉員吏四十一人，其九人四科，二人二百石，文學三人百石，十二人斗食，二人佐，十三人學事，〔九〕一人官醫。衞士六十人。

南宫衞士員吏九十五人，衞士五百三十七人。

北宫衞士員吏七十二人，衞士四百七十二人。〔一〇〕

右都侯員吏二十二人，衞士四百一十六人。左都侯員吏二十八人，衞士三百八十三人。

案：「侯」皆當作「候」。〔一一〕

南宮南屯司馬員吏九人，衞士百二人。

（北）宮門蒼龍司馬〔三〕員吏六人，衞士四十人。

玄武司馬員吏二人，衞士三十八人。

北屯司馬員吏二人，衞士三十八人。

北宮朱爵司馬員吏四人，衞士百二十四人。

東明司馬員吏十三人，衞士百八十人。

朔平司馬員吏五人，衞士百一十七人。

凡員吏皆隊長佐。案：謂南屯司馬以下。

太常、光禄勳、衞尉。右三卿，太尉所部。案：此條引作「漢官目録」。

太僕員吏七十人，其七人四科，一人二百石，文學八人百石，六人斗食，七人佐，六人騎吏，三人假佐，三十一人學事，一人官醫。

考工員吏百九人。

車府員吏二十四人。

未央廐員吏七十人，卒騶二十人。

長樂廐員吏十五人，卒騶二十人，苜蓿苑官田所一人守之。

廷尉員吏百四十人，其十一人四科，十六人二百石廷吏，文學十六人百石，十三人獄史，二十七人佐，二十六人騎吏，三十人假佐，一人官醫。

大鴻臚員吏五十五人，其六人四科，二人二百石，文學六人百石，一人斗食，十四人佐，六人騎吏，十五人學事，五人官醫。

大行員吏四十人。其四人四科，五人二百石，文學五人百石，九人斗食，六人佐，六人學事，十二人守學事。

太僕、廷尉、大鴻臚。右三官，司徒所部。案：此條引作「漢官目録」。

宗正員吏四十一人，其六人四科，一人二百石，四人百石，三人佐，六人騎吏，二人法家，十八人學事，〔三〕一人官醫。

諸公主主簿一人，秩六百石。僕一人，秩六百石。私府長一人，秩六百石。家丞一人，三百石。直吏三人，從官三人。〔四〕

大司農員吏百六十四人，其十八人四科，九人斗食，十六人二百石，文學二十人百石，二十五人佐，七十五人學事，〔五〕一人官醫。

太倉員吏九十九人。

平準員吏百九十人。

導官員吏百一十二人。

廪犧丞一人，三百石。員吏四十人，其十一人斗食，十七人佐，七人學事，五人守學事，皆河南屬縣給吏者。

雒陽市市長一人，秩四百石。丞一人，二百石，明法補。員吏三十六人，十三人百石嗇夫，十一人斗食，十二人佐。又有檝櫂丞，三百石，別治中水官，主水渠，在馬市東，有員吏六人。

少府員吏三十四人，其一人四科，一人二百石，五人百石，四人斗食，三人佐，六人騎吏，十三人學事，一人官醫。

太醫員醫二百九十三人，員吏十九人。

太官員吏六十九人，衞士三十八人。

守宮員吏六十九人。外官丞二百石，公府吏府也。

上林苑員吏五十八人。

黄門員吏十八人。〔一六〕

掖庭吏從官百六十七人，待詔五人，員吏十人。

永巷員吏六人，吏從官三十四人。右丞一人，暴室一人。

御府員吏七人，吏從官三十人。右丞一人。

祠祀從官吏八人，騶僕射一人，家巫八人。

鉤盾吏從官四十人，員吏四十八人。又有署一人，胡熟監一人。

中藏府員吏十三人，吏從官六人。

內者從官祿士一人，〔一七〕員吏十九人。

尚方員吏十三人，吏從官六人。

符節當得明法律郎。

宗正、大司農、少府。右三卿，司空所部。案：此條引作「漢官目錄」。

執金吾員吏二十九人，其十人四科，一人二百石，文學三人百石，二人斗食，十三人佐學事，注緹騎。執金吾緹騎二百人，五百二十人。〔一八〕

太子少傅員吏十三人。〔一九〕

太子舍人十三人，選良家子孫。

太子門大夫門大夫二人，選四府掾屬。

太子洗馬選郎中補也。

北軍中候員吏七人，候自得辟召，通大鴻臚一人，斗食。

屯騎校尉員吏百二十八人，領士七百人。

越騎校尉員吏百二十七人，領士七百人。

步兵校尉員吏七十三人，領士七百人。

長水校尉員吏百五十七人，烏桓胡騎七百三十六人。

射聲校尉員吏百二十九人，領士七百人。

河南尹員吏九百二十七人，十二人百石。諸縣有秩三十五人，官屬掾史五人，四部督郵吏部掾二十六人，案獄仁恕三人，監津渠漕水掾二十五人，百石卒吏二百五十人，文學守助掾六十人，書佐五十人，脩行二百三十人，〔一〇〕幹小史二百三十一人。

雒陽令秩千石，丞三人四百石，孝廉左尉四百石，孝廉右尉四百石。員吏七百九十六人，十三人四百石。鄉有秩、獄史五十六人，佐史、鄉佐七十七人，斗食、令史、嗇夫、假五十人，官掾史、幹小史二百五十人，書佐九十人，脩行二百六十人。

鄉户五千，則置有秩。

沛國譙，刺史治。去雒陽千二十里。

常山國高邑，刺史治。去雒陽一千里。

武陵郡漢壽，刺史治。去雒陽三千里。案：此條引作「漢官儀」，誤。

九江郡壽春刺史治，去雒陽千三百里。

漢陽郡隴（州），〔三〕刺史治。去雒陽一千一百里。

太原郡晉陽，刺史治。南有梗陽城，中行獻子見巫皐。

廣陽郡薊，刺史治。雒陽東北二千里。

蒼梧郡廣信刺史治，去雒陽九千里。案：以上俱見續漢志補注。

校勘記

〔一〕「二十四人」原作「三十四人」，中華書局點校本（以下簡稱點校本）、汲古閣本（以下簡稱汲本）武英殿本（以下簡稱殿本）、王先謙後漢書集解本（以下簡稱集解本）、續漢百官志補注均作「二十四人」，據改。

〔二〕點校本作「醫一人」，與諸本異。合計太史待詔總員數，恐當以點校本爲是。

〔三〕「九人有秩」原作「四人有秩」，據諸本改。

〔四〕「二十三人佐」原作「二十二人佐」，據諸本改。

〔五〕「一人斗食」，汲本、集解本同，點校本、殿本作「二人斗食」。當以後者爲是。

〔六〕「守學事」原作「守樂事」，據諸本改。

〔七〕「監丞一人」原作「監丞五人」，據諸本改。

〔八〕「二人斗食」點校本作「一人斗食」。

〔九〕「十三人學事」點校本作「十二人學事」，當是。

〔一〇〕「衛士四百七十二人」點校本作「衛士四百七十一人」。

〔一一〕諸本「侯」均作「候」，孫輯作「侯」，當係自誤。

〔一二〕據黄山後漢書集解校補删「北」字。又汲本續漢百官志亦無「北」字。

〔一三〕「學事」原作「學士」，據諸本改。

〔一四〕「直吏」原作「直隸」，據諸本改。「從官三人」，汲本、集解本同，點校本、殿本作「從官二人」。

〔一五〕「學事」原作「學士」，據諸本改。

〔一六〕「十八人」原作「十九人」，據諸本改。

〔一七〕「從官禄士」，點校本作「從官禄事」，當是。

〔一八〕「五百」即伍伯，其上點校本據北堂書鈔（以下簡稱書鈔）卷五四引應劭漢官儀補「持戟」二字。

〔一九〕諸本中唯點校本作「員吏十二人」。

〔二〇〕「脩行」原作「循行」，據點校本續漢百官志五校勘記改。下引同。

〔二一〕惠棟後漢書補注卷二三曰：「『州』字衍。或曰當作『西』。」按漢書地理志作「隴」，師古曰：「今呼隴城縣者也。」據此則「州」字係衍文無疑，故删。

漢官解詁一卷

孫星衍叙録

隋志："漢官解詁三篇，漢新汲令王隆撰，胡廣注。"唐志作三卷。後漢書胡廣傳："所著詩、賦、銘、頌、箴、弔及(諸)解詁，〔一〕凡二十二篇。"不言此書卷數。續漢志補注引廣注，述此書始末極詳。王隆字文山，建武中爲新汲令，見文苑傳。漢官篇仿凡將、急就，四字一句，故在小學中。今以隆書爲正文，列廣注於下，末附胡廣漢制度十條。

漢官解詁一卷

漢太傅胡廣注

清孫星衍輯

王隆漢官篇

前安帝時，越騎校尉劉千秋校書東觀，好事者樊長孫與書曰："漢家禮儀，叔孫通等所草創，皆隨律令在理官，藏于几閣，無紀録者，久令二代之業，闇而不彰。誠宜撰次，依擬周禮，定位分職，各有條序，令人無愚智，入朝不惑。君以公族元老，正丁其任，焉可以已！"

劉君甚然其言，與邑子通人（郎中）張平子參議未定，〔三〕而劉君遷爲宗正、衞尉，平子爲尚書郎、太史令，各務其職，未暇恤也。至順帝時，平子爲侍中典校書，方作周官解說，乃欲以漸次述漢事，會復遷河閒相，遂莫能立也。述作之功，獨不易矣。既感斯言，顧見故新汲令王文山小學爲漢官篇，略道公卿内外之職，旁及四夷，博物條暢，多所發明，足以知舊制儀品。蓋法有成易，而道有因革，是以聊集所宜，爲作詁解，各隨其下，綴續後事，令世施行，庶明厥旨，廣前後憤盈之念，增助來哲多聞之覽焉。續漢志補注　案：漢官篇正文别作一行，其有未備者，以續漢志小字補之。

太傅録尚書事。

猶古冢宰總己之義也。續漢志補注

司馬中外以親寵殊，平事尚書，宰尹樞機，勉用八政，播時百穀。北堂書鈔設官部兩引

下理坤道，〔三〕上和乾光，謂之司空。北堂書鈔設官部、太平御覽職官部

將軍

前、後、左、右將軍，皆周末官，秦因之，位上卿，金印紫綬，皆掌兵及四夷。有長史，秩千石。北堂書鈔設官部

前、後、左、右將軍，宣元以後，〔四〕雖不出征，猶有其官，位在諸卿上。北堂書鈔設官部

太常，社稷郊時，〔五〕事重職尊，故在九卿之首。北堂書鈔設官部、太平御覽職官部

古文儒林，舊藝皆說。北堂書鈔職官部

博士稽合同異，講論五始，爲春秋。北堂書鈔設官部

公羊傳云：五始者，元年春王正月，公卽位。元者，氣之始；春者，四時之始；王者，受命之始；正月者，政教之始；公卽位者，一國之始也。北堂書鈔設官部

官名祭酒，皆一位之元長者也。古禮，賓客得主人饌，則老者一人舉酒以祭于地，舊說以爲示有先。續漢志補注

光祿勳

勳猶閽也，易曰「爲閽寺」。〔宦寺〕主殿宮門户之職。〔六〕續漢志補注

光祿大夫，〔七〕諫議大夫，揖讓羣卿，四方則之。北堂書鈔設官部

光祿大夫，本爲中大夫。武帝元狩五年，置諫大夫爲光祿大夫。世祖中興，以爲諫議大夫。又有太中、中散大夫。此四等於古皆爲天子之下大夫，視列國之上卿。續漢志補注、北堂書鈔設官部

武帝以中大夫爲光祿大夫，與博士俱以儒雅之選，異官通職，周官所謂「官聯」者也。藝文類聚職官部、太平御覽職官部

溫故知新，率由舊章，與參國體，稽合同異，案：北堂書鈔引有此二句。皆能分明古今，辨章舊聞。北堂書鈔設官部、藝文類聚職官部、太平御覽職官部　案：北堂書鈔引此在「視列國之上卿」下。藝文類聚、太平御覽引此在「所謂官聯者也」下。但此與光祿大夫不相比附，疑本議郎之職。今改爲正文，而不復別出。

衞尉

衞尉主宮闕之內，衞士于垣下爲廬，案：北堂書鈔設官部引作「爲區廬于垣下」。各有員部。〔凡〕居宮中者，〔八〕皆施籍于門，案其姓名。若有醫巫僦人當入者，本官長吏爲封啟傳，案：當作「本宮長史爲封棨傳」，見續漢志。〔九〕審其印信，然後內之。人未定，又有籍，皆復有符。符用木，長二寸，以當所屬兩字爲鐵印，〔一〇〕亦太卿炙符，案：續漢志補注引作「長可二寸，鐵印以符之。」〔一一〕當出入者，案籍畢，復齒符，〔一二〕乃引內之也。其有官位得出入者，令執御者官，傳呼前後以相通。從昏至晨，分部行夜，夜有行者，輒前曰：「誰！誰！」若此不解，終歲更始，所以重慎宿衞也。藝文類聚職官部

諸門部各陳屯夾道，其旁當兵，以示威武，交戟，以遮妄出入者。續漢志補注

太僕廐府，皮軒鸞旗。初學記器物部

馬有廐，車有府。皮軒，以虎皮爲軒。續漢志補注、初學記器物部、太平御覽車部

考工黃魏瑣連，孫吳之法。北堂書鈔武功部

兵書有黄氏瑣連之器，蓋弩射法也。北堂書鈔武功部

廷尉當理疑獄。北堂書鈔設官部

讞，質也。續漢志補注

鴻臚贊通四門，撫柔遠賓。北堂書鈔設官部

鴻，聲也。臚，傳也。所以傳聲贊導九賓也。太平御覽職官部

昔唐虞賓于四門，此則禮賓之制，與鴻臚之任亦同。太平御覽職官部

宗正

又歲一治諸王世譜差序秩第。續漢志補注

司農

調均報度，輸漕委輸。續漢志補注

邊都諸官請調者，皆有調均報給之也。以水通輸曰漕。委，積也。郡國所積聚金帛貨賄，隨時輸送諸司農，曰委輸，以供國用。續漢志補注

侍中

掌侍從左右，無員，常侍中。漢書百官公卿表注

給事〔中〕，〔三〕常侍〔從〕左右，〔四〕無員，位次侍中、中常侍，或名儒，或國親。漢東方朔拜中郎，爲給事中。劉向諫議大夫，拜給事中也。北堂書鈔設官部

尚書出納詔命，齊衆喉口。北堂書鈔設官部、初學記職官部

唐虞曰納言，周官爲内史。機事所總，號令攸發。北堂書鈔設官部、文選晉紀總論注、後漢二十八將論注、〔一五〕辨亡論注、太平御覽職官部

機密之事。文選晉紀總論注

士之權貴，不過尚書，其次諸吏。北堂書鈔設官部、太平御覽職官部

諸吏，光祿勳是也。太平御覽職官部

御史

建武以來，省御史大夫官屬入侍蘭臺。蘭臺有十五人，特置中丞一人以總之。此官得舉非官，案：北堂書鈔引作「舉法」，皆誤。當作「舉非法」。〔一六〕其權次尚書。北堂書鈔設官部、太平御覽職官部

惠帝三年，相國奏遣御史監三輔。北堂書鈔設官部

孝宣感路温舒言，秋季後請讞。時帝幸宣室，齋居而決事，令侍御史二人治書，御史起此。案：當重有「治書」二字。後因別置，冠法冠，秩百石，案：「百」上當有「六」字。有印綬，與符節郎共平廷尉奏事，罪當輕重。續漢志補注

執金吾，執禁典兵。北堂書鈔設官部

執金吾，吾者禦也，典執金革，以禦非常也。北堂書鈔設官部

衛尉巡行宮中，則金吾徼于外，相爲表裏，以擒姦討猾。續漢志補注、北堂書鈔設官部

太子太傅，日就月將，琢磨玉質。北堂書鈔設官部

言太子有玉之質，〔一七〕琢磨以道也。位次太師。北堂書鈔設官部

少傅琢磨玉質，永承無疆。北堂書鈔設官部

言太子者，珪玉也。北堂書鈔設官部

將作大匠樹栗、椅、桐、梓。〔一八〕續漢志補注

古者列樹以表道，竝以爲林囿。四者皆木名，治宮室竝主之。續漢志補注

中壘、城門，北軍士校，修爾車馬，以戒不虞。北堂書鈔設官部

漢掌兵官。北堂書鈔設官部

河南尹

武帝太初元年，〔一九〕左内史爲左馮翊，主爵都尉、右内史爲右扶風、京兆尹，治京師，以爲三輔，皆如郡。〔二〇〕主爵列侯，其職竝鴻臚。〔二一〕世祖案：當有「都」字。〔二二〕雒陽，改河南案：當有「郡」字。爲河南尹。北堂書鈔設官部

三輔職如郡守，獨奉朝請。成帝丞相張禹遜位，位特進，奉朝請。又以關内侯蕭望之、大司馬嘉皆進奉朝請。光武司徒孫資加特進，奉朝請。奉朝請之號，則非爲官。北堂書鈔設

官部、太平御覽職官部

刺史十有三牧，分土食焉。北堂書鈔設官部

京畿師外，案：當有譌。十有三牧，分部馳郡行國，督察在位，奏以言，案：「奏」上當有「敷」字。録見囚徒，案：「見」當作「視」。考實侵冤，退不録職，案：「録」當作「稱」。狀狀進一奏事焉。案：當有譌。北堂書鈔設官部

巡謂驛馬也，縣次傳駕之，以走疾，猶古言附遂。續漢志補注

縣邑囚徒，皆閲録視，參考辭狀，實其真僞。有侵冤者，即時平理。續漢志補注

課第長吏不稱職者爲殿，舉免之。其有治能者爲最。察上尤異州，又狀州中吏民茂才異等，歲〔舉〕一人。〔三〕續漢志補注

所察有條應繩異者，輒覆問之，不茹柔吐剛也。歲盡，齎所狀納京師，名奏事，差其遠近，各有常會。續漢志補注

中興不復自詣京師，其所道皆如舊典。續漢志補注

假佐，取内郡善史書佐給諸府也。漢書王尊傳注

冀趙常山。太平御覽州郡部

經曰「冀州既載」。居趙，今治常山。太平御覽州郡部

兗衛濟河。太平御覽州郡部

經曰「濟河惟兗州」。衛國，今治山陽。太平御覽州郡部

青齊河岱。〔二四〕太平御覽州郡部

經曰「海岱惟青州」。居齊國，今治焉。太平御覽州郡部

徐魯淮沂初學記州郡部、太平御覽州郡部

經曰「海岱及淮惟徐州」。又曰「淮沂其乂」。居魯國，今據豫州而東海。太平御覽州郡部

揚吴彭蠡。太平御覽州郡部

經曰「淮海惟揚州」。又曰「彭蠡既渚」。居吴國，今治九江。太平御覽州郡部

荆楚衡陽。太平御覽州郡部

經曰「荆及衡陽惟荆州」。居楚國，今治武陵。太平御覽州郡部

益庸岷梁。太平御覽州郡部

經曰「華陽黑水惟梁州」。漢改梁州（治九江）〔爲益州〕，〔二五〕今治廣漢。太平御覽州郡部

凉邠黑水。初學記州郡部、太平御覽州郡部

經曰「黑水西河惟雍州」。居邠國，漢改雍州爲邠州，國右扶風栒邑縣，屬司隸部，不復屬州。今治漢陽。太平御覽州郡部

雍別朔方。太平御覽州郡部　案：續漢志朔方郡在并州刺史部，無朔方刺史，與此不合。

漢別雍州之地，置朔方刺史。太平御覽州郡部

交阯南越。太平御覽州郡部

漢平南越之地，置交州刺史，列諸州治蒼梧。太平御覽州郡部

幽燕朝鮮。太平御覽州郡部

經無幽州，而周官有焉。蓋冀之別也。居燕國，今廣陽是。太平御覽州郡部

并代晉翟。太平御覽州郡部

經無并州，而周官有，蓋冀州之別也。居燕國，今廣陽是。太平御覽州郡部　案：「居燕國，今廣陽是」七字，當有誤。

太守專郡，信理庶績，勸農賑貧，決訟斷辟，興利除害，檢察郡姦，舉善黜惡，誅討暴殘。北堂書鈔設官部、太平御覽職官部　案：太平御覽引作「誅殺殘暴」。

秋冬歲盡，各計縣户口墾田，錢穀入出，盜賊多少，上其集簿。丞尉以下，歲詣郡，課校其功。功多尤爲最者，於廷尉案：此當作「慰」。勞勉之，以勸其後。負多尤爲殿者，於後曹別責，以糾怠慢也。諸對辭窮尤困，收主者，掾史關白太守，使取法，丞尉縛責，以明下轉相督勅，爲民除害也。明帝詔書不得僇辱黄綬，以別小人吏也。續漢志補注

都尉將兵，副佐太守。〔二六〕北堂書鈔設官部、太平御覽職官部　案：北堂書鈔引作「都尉一人」。〔二七〕

言與太守俱受銀印部符之任，爲一郡副將，然俱主其武職，不預民事。舊時以八月都試，講習其射力，以備不虞。太平御覽引有「備盜賊也」四字。皆絳衣戎服，示揚威武，折衝厭難者也。北堂書鈔設官部〔二八〕

少官嗇夫，各擅其職。周禮天官疏

謂倉庫少内嗇夫之屬，各自擅其條理所職主。周禮天官疏

鹽鐵官

鹽官掊坑而得鹽，或有鑿井煑海水而以得之者。鑄銅爲器械，當鑄冶之〔事〕〔時〕，〔二九〕扇熾其火，謂之鼓鑄。續漢志補注

諸王

諸王在長安，位次三公。北堂書鈔設官部

光武封諸子，各四縣也。北堂書鈔設官部

後漢妾數無限别，乃制設正適，曰妃，取小夫人不得過四十人。續漢志補注

列侯

列侯金印紫綬，以賞其有功，功大者食縣邑，小者食鄉亭，得臣其所食吏民。案：北堂書鈔封

爵部引「大小隨邑縣鄉所食，臣其吏民也」。本爲徹侯，避武帝諱曰通侯。舊時文書，或爵通侯也，〔三〇〕後更曰列侯。今俗人或都言諸侯，乃王爾，非此也。藝文類聚封爵部、太平御覽封建部

諸王受封，皆受茅土，歸立社稷。本朝爲宮室，自有制度。至於列侯歸國者，不受茅土，不立宮室，各隨貧富，裁制黎庶，以守其寵。續漢志補注、藝文類聚封爵部

車駕巡狩幸其國，諸侯衣玄端之衣，冠九旒之冕，其盛法服以就位也。今列侯自不奉朝請侍祠祭者，不得服此，皆當三梁冠，皁單衣，其歸國流黄衣皁云。續漢志補注

乘輿豹尾過後，罷屯解圍。續漢志補注

施于道路，豹尾之内爲省中，故須過後，屯圍乃得解，皆所以戒不虞也。續漢志補注

鸞旗，以銅作鸞〔鳥〕車衡上。〔三一〕續漢志補注

建蓋在中。續漢志補注

轂下，喻在輦轂之下，京師之中。〔三二〕文選曹子建責躬詩注、潘安仁在懷縣作詩注、曹子建求通親親表注、任彦升齊竟陵文宣王行狀注

天子出，車駕次第，謂之鹵簿。長安時，出祠天于甘泉用之，名曰甘泉鹵簿。文選任彦升爲蕭揚州薦士表注

宗廟是古者清廟茅屋。續漢志補注

古之清廟，以茅蓋屋，所以示儉也。今之明堂，茅蓋之，乃加瓦其上，不忘古也。後漢書光武紀注、續漢志補注

桶，桶也。諸侯丹桶，以丹色也。太平御覽居處部　案：「桶」當作「桷」。〔三三〕

梲，梁上柱也。諸侯藻〔梲〕，〔三四〕爲藻文也。太平御覽居處部

附：漢制度案：漢制度之名，不見于隋書經籍志。續漢志補注引謝沈書曰：「太傅胡廣博綜舊儀，立漢制度，蔡邕因以爲志。」今羣書所引，附于解詁之後。

帝之下書有四：一曰策書，二曰制書，三曰詔書，四曰誡勑。策書者，編簡也，其制長二尺，短者半之，篆書，起年月日，稱皇帝，以命諸侯王。三公以罪免，亦賜策（書），〔三五〕而以隸書，用尺一木，兩行，惟此爲異也。制書者，帝者制度之命，其文曰制詔三公，皆璽封，尚書令印重封，露布州郡也。詔書者，詔，告也，其文曰告某官云如故事。誡勑者，謂勑刺史、太守，其文曰有詔勑某官，他皆倣此。後漢書光武紀注、太平御覽文部

天子出，有大駕、法駕、小駕。大駕則公卿奉引，大將軍驂乘，太僕御，屬車八十一乘，備千乘萬騎。法駕，公不在鹵簿，唯河南尹、執金吾、洛陽令奉引，侍中驂乘，奉車郎御，屬車三十六乘。小駕，太僕奉駕，侍御史整車騎。後漢書儒林傳序注

人君之居，前有朝，後有寢。終則制廟以象朝，後制寢以象寢。光武都洛陽，迺合高祖以

下至平帝爲一廟，藏十一帝主于其中。元帝次當第八，光武第九，故立元帝爲祖廟，後遵而不改。後漢書光武紀注

列侯功德優盛，朝廷所敬異者，賜特進，在三公下，不在車騎下。續漢志補注

是爲猥諸侯。續漢志補注

戎，立車，以征伐。續漢志補注

春秋左氏傳有南冠而縶者，則楚冠也。秦滅楚，以其君服賜執法近臣御史服之。續漢志

案：以下四條俱引作「胡廣說」。

高山冠，蓋齊王冠也。秦滅齊，以其君冠賜近臣謁者服之。續漢志

趙武靈王效胡服，以金璫飾首，前插貂尾，爲貴職。秦滅趙，以其君冠賜近臣。續漢志

意謂北方寒涼，以貂皮煖額，附施於冠，因遂變成首飾。續漢志補注

校勘記

〔一〕「及諸解詁」原作「及新解詁」，據後漢書胡廣傳改。

〔二〕點校本、汲本、殿本、集解本續漢百官志補注「通人」下均有「郎中」二字，據補。

〔三〕孔廣陶本（以下簡稱孔本）書鈔卷五二「坤道」作「川道」。

〔四〕「宣元」原作「宣化」，據孔本書鈔卷六四改。

〔五〕孔本書鈔卷五三「社稷」上有「掌」字。又此引還見於藝文類聚（以下簡稱類聚）卷四九，與孫輯引同，孫氏脱注。

〔六〕諸本續漢百官志補注「主殿宮」上均有「宦寺」二字，據補。

〔七〕孔本書鈔卷五六引作「光禄、太中」，與下文「諫議大夫」連讀。

〔八〕「凡」字據類聚卷四九引補。

〔九〕「本宮」，類聚卷四九、初學記卷一二、太平御覽（以下簡稱御覽）卷二三〇俱引作「本官」。殿本續漢百官志亦同。黄山校補曰：「官本『宮』作『官』，是。今按：外人謂無官位者，考本官所遣，當封棨傳爲信也。」孫案非，且脱注初學記、御覽兩出處。

〔一〇〕類聚卷四九、初學記卷一二、御覽卷二三〇「兩字」上均有「官」字。按續漢志作「宮名」，此處既指外人，則「宮名」亦當作「官名」。據此可知上述類書所引，「官」下當脱「名」字，而孫輯則全脱矣。

〔一一〕「符」原作「箸」，據諸本續漢百官志補注改。

〔一二〕初學記卷一二「復」下有「識」字，「齒符」下尚有「識其物色」四字。

〔一三〕據孔本書鈔卷五八補「中」字。此引又見類聚卷四八，亦作「給事中」，孫輯脱注。

〔一四〕書鈔卷五八、類聚卷四八、初學記卷一二「常侍」下均有「從」字，據補。

〔一五〕此引見於文選范蔚宗宦者傳論注，不出於文選後漢二十八將論注。

〔一六〕影宋本御覽卷二二五正作「得舉非法」，孫氏所據本誤。

〔一七〕孔本書鈔卷六五引作「言太子如珪玉」。

〔一八〕點校本續漢百官志補注「椅」作「漆」。按劉昭注下引毛詩傳、陸璣草木疏皆以釋「椅」，未言及「漆」。汲本、殿本、集解本亦均作「椅」。據此則作「漆」恐非。

〔一九〕「太初」原作「太元」，據孔本書鈔卷七六引改。又漢書百官公卿表亦作「太初」。

〔二〇〕孔本書鈔卷七六「皆」上有「職」字。

〔二一〕孔本書鈔卷七六「竝」下有「屬」字。

〔二二〕孔本書鈔卷七六正有「都」字，孫氏所據本誤。

〔二三〕諸本續漢百官志補注「歲」下均有「舉」字，據補。

〔二四〕「青齊」原作「青州」，據影宋本御覽卷一五七改。

〔二五〕據影宋本御覽卷一五七刪補。

〔二六〕御覽卷二四一其下尚引「備盜賊也」四字。

〔二七〕孔本書鈔卷六三「一人」上有「郡各」二字。

〔二八〕書鈔卷六三兩次引及此條，孫輯脱注。

〔二九〕諸本續漢百官志補注「之事」均作「之時」，據改。

〔三〇〕類聚卷五一「通侯」下有「是」字。

〔三一〕諸本續漢輿服志補注「鷩」下均有「鳥」字，據補。

〔三二〕文選求通親親表注「京師」作「京兆」，齊竟陵文宣王行狀注又作「京城」。

〔三三〕影宋本御覽卷一八八兩「桶」字均引作「桷」，孫氏所據本誤。

〔三四〕據御覽卷一八八補「棁」字。

〔三五〕據後漢書光武帝紀注及御覽卷五九三引刪「書」字。

漢官舊儀二卷補遺一卷

漢官舊儀提要

臣等謹按：漢議郎東海衞宏敬仲作漢舊儀四篇，以載西京雜事，見於范書本傳。隋唐經籍、藝文志：漢舊儀四卷，宋史藝文志三卷，俱著於録。馬端臨經籍考卷目與宋志同，而别題作漢官舊儀。陳振孫書録解題遂以其有漢官之目，疑非衞宏本書，或又以爲胡廣所作。後亦佚，不復傳世，所見者獨前後漢書注及唐、宋諸書所引而已。今永樂大典所載此本，亦題漢官舊儀，不著撰人名氏。其閒述西京舊事，典章儀式甚備，且與諸書所引漢舊儀之文參校，無弗同者，自屬衞宏本書。其稱漢官舊儀者，或後人因其所載官制爲多，妄加之耳。至漢書注中，頗有稱「胡廣曰」者，與漢舊儀互引其文，亦絕不相合。惟廣傳載廣著詩、賦、銘、頌及解詁二十二篇，而史注所引，别有漢官解詁之名，蓋卽廣所作，而舊儀之當出衞宏手，益無疑也。此本舊時失於讐正，首尾序次錯糅，文字至脱誤不可乙。今據史文覈勘，且旁徵舊書，參析同異，疏於各句下方。其原有注者，畧仿劉昭注續漢志例，通爲大書，稱本注以别之，釐爲上下二卷。又前後漢紀志注及唐宋類書内，所引佚文頗多。蓋此書遞更顯晦，已非完本，謹爲蒐擇甄録，別爲補遺一卷，附於其後，以署還宋志篇目之舊云。乾隆三十八年四月恭校上。

總纂官編修臣紀　昀

郎中臣陸錫熊

纂修官編修臣陳昌圖

漢官舊儀卷上

漢衛宏撰

皇帝起居儀宮司馬内，按：元帝紀「初元五年宮司馬中」注：應劭曰：「宮司馬中者，宮内門也。」據此則此「内」字與「中」字義同。百官案籍出入，營衛周廬，晝夜誰何。殿外門署屬衛尉，殿内郎署屬光禄勳，黃門、鉤盾署屬少府。輦動則左右侍帷幄者稱警，車駕則衛官填街，騎士塞路。出殿則傳蹕，止人清道，〔一〕建五旗，丞相、九卿執兵奉引。乘輿冠高山冠，飛羽之纓，按：晉書輿服志引此文作漢官儀，又「飛羽」作「飛翮」。〔二〕幘耳赤，丹紈裏，按：續漢書輿服志劉昭補注引此文「裏」下有「衣」字。帶七尺斬蛇劍，履虎尾絇履，諸王歸國稱從。

皇帝六璽，皆白玉螭虎紐，文曰「皇帝行璽」、「皇帝之璽」、「皇帝信璽」、「天子行璽」、「天子之璽」、「天子信璽」，凡六璽。皇帝行璽，凡封按：此句有脱字，應云「凡封命用之」。之璽，按：此句應云「皇帝之璽」。賜諸侯王書；信璽，按：此句應云「皇帝信璽」。發兵；其徵大臣，以天子行璽；策拜外國事，以天子之璽；事天地鬼神，以天子信璽。〔三〕按：此條「皇帝行璽」下各句，並有脱字。續漢書輿服志注所引亦同。惟隋書禮儀志稱「皇帝行璽，封命諸侯及三公用之；皇帝之璽，與諸侯及三公書用之；皇帝信璽，發諸夏兵用之。」文義完備，謹參校以正其缺。又漢書霍光傳「皇帝信璽、行璽」，孟康注：「天子之璽自佩，行璽、信璽在符節臺。」亦可考見漢時藏璽之制，併附著之，以補此文所未備。皆以武都紫泥封，青布囊，按：續漢書輿服志注引此文無「布」字。〔四〕白素裏，兩端無縫，尺一板中約署。按：此句疑有脱字。皇帝帶綬，黄地六采，按：「六采」舊作「赤采」，似誤。又攷宋書禮志引漢制：「皇帝黄赤綬，四采，黄赤縹紺。」亦與此互異。今據續漢書輿服志注校正。不佩璽。按：續漢書志注引此文，「璽」下重一「璽」字。以金銀縢組，侍中組負以從。秦以前民皆佩綬，以金、玉、銀、銅、犀、象爲方寸璽，各服所好。〔五〕奉璽書使者乘馳傳。其驛騎也，三騎行，晝夜行千里爲程。

太官尚食，用黄金釦器。〔六〕中官、私官尚食，用白銀釦器。

中官、小兒官及門户四尚、中黄門持兵，三百人侍宿。按：漢書百官公卿表、百官志皆不載小兒官及門户四尚官名。

冗從吏僕射，按：續漢書百官志：「中黄門冗從僕射一人，六百石。」此句首疑脱「中黄門」三字，「吏」字疑亦衍文。出則騎從夾乘輿，車居則宿衞，直守省中門户。○本注曰：省中，禁中也。成帝外家王禁貴重，朝中爲諱禁，故曰省。

中常侍，宦者，秩千石。得出入卧内禁中諸宫。

侍中，無員。或列侯、將軍、衞尉、光禄、（將）大夫、〔七〕郎爲之，得舉非法，白請及出省户休沐，往來過直事。

御史，員四十五人，皆六百石。其十五人衣絳，給事殿中爲侍御史。宿廬（左右）〔在石〕渠門外。〔八〕二人尚璽，四人持書給事，二人按：漢書百官公卿表：「僕射、御史治書尚符璽者，有印綬。」續漢書百官志「治書侍御史二人」，此文「持」字疑當作「治」。侍〔前〕，〔九〕中丞一人領。按：漢書表志：漢改御史大夫爲司空，别畱中丞，爲御史臺率。而侍中乃列侯以下入侍禁中者所加官名，並無侍中丞之官。「侍」字疑衍文。餘三十人畱寺，按：寺，御史署也，在司馬門内。前漢書蕭望之傳注作「三十人畱守」者，非。理百官也。〔一〇〕

給事中，無常員，位次侍中、常侍。

尚書四人，爲四曹。侍曹尚書，按：前漢書師古注引此文，「侍」上有「常」字，與續漢書志合。主丞相、御史事；二千石曹尚書，主刺史、二千石事；民曹尚書，主庶民上書事；客曹尚書，主外國四夷事。

成帝初置尚書，員五人，有三公曹，主斷獄。

尚書令主贊奏封下書，按：續漢書百官志：「掌凡選署及奏下尚書文書衆事。」僕射主閉封。〔一一〕丞二人，主報上書者，兼領財用火燭食廚。漢置中〔書〕官，〔三〕領尚書事。中書謁者令一人。成帝建始四年罷中書官，以中書爲中謁者令。

尚書郎四人：匈奴單于營部二郎主羌夷吏民，民曹一郎主天下户口墾田功作，謁者曹一郎主天下見錢貢獻委輸。按：晉書職官志：「漢置尚書郎四人：一人主匈奴單于營部，一人主羌夷吏民，一人主户口墾田，一人主財帛委輸。」與此文少異。疑「二郎」當作「一郎」，「匈奴單于」上脱「一郎主」三字。

中臣在省中皆白請，其宦者不白請。尚書郎宿留臺，中官給青縑白綾被或錦被、帷帳、氊褥、通中枕，太官供食，湯官供餅餌果實，下天子一等。給尚書郎伯二人，女侍史二人，皆選端正者從直。伯送至止車門還，女侍史執香爐燒薰，從入臺護衣。

黄門令領黄門謁者。騎吹曰冗從，僕射一人，領髦頭。

左曹日上朝謁，秩二千石。

右曹日上朝謁，秩二千石。

黄門郎屬黄門令，日暮入對青鏁門拜，名曰夕郎。

五官中郎將，秩比二千石，主五官郎中。

左、右中郎將，秩比二千石，主謁者、常侍侍郎，以貲進。○本注曰：左主謁者，右主常侍侍郎。

五官屬光禄勳，不得上朝謁。兼左、右曹諸吏，得上朝謁。

郎中令主郎中。按：漢書注「主郎内諸官」。左車將主左車郎，右車將主右車郎，左户將主左户郎，右户將主右户郎，按：漢書如淳注引漢儀注與此文同。秩皆比千石，獨郎中令比二千石。按：郎中令，武帝太初元年更名光禄勳。此文前後皆言光禄勳，獨此條言郎中令，杜預所謂史駁文也。又續漢書百官志：「光禄勳，卿一人，中二千石。」此云「比二千石」，疑有誤，或漢初未更官名時舊制耳。

黄門冗從持兵，無數，宣通内外。宦者署、尚書皆屬少府。殿中諸署、五郎將屬光禄勳。按：上文五官、左、右三中郎將。此言五郎將者，蓋并虎賁、羽林二中郎將，爲五也。宫司馬、諸隊都候領督盜賊，屬執金吾。司馬掖門殿門屯衞士，皆屬衞尉。按：宋錢文子曰：「百官表中尉屬官無衞司馬、候、左右都候。此云屬執金吾者，蓋執金吾徼巡宫外，寔相表裏，所謂聯事也。中尉，武帝太初元年更名執金吾。」

右中二千石、二千石四官，按：少府、光禄勳、執金吾、衞尉四官，續漢志皆中二千石。此云中二千石、二千石者，蓋西漢時初制。奉宿衞，各領其屬，斷其獄。

期門騎者，隴西工射獵人及能用五兵材力三百人，行出會期門下，從射獵，無員，秩比郎從官，名曰期門騎。置僕射一人，秩六百石。〔三〕騎持五旗别外内。王莽更名虎賁郎，按：百官公卿表：平帝元始元年更名虎賁郎。遷補吏署。

中郎將一人，施旄頭，按：中郎將一人，謂羽林中郎將也。考漢百官公卿表：「宣帝令中郎將、騎都尉監羽林。」霍光傳有「諸吏中郎將羽林監任勝」，蓋以中郎將或騎都尉監羽林騎，故於本官上不冠以羽林之號。至後漢始置羽林中郎將，爲定職耳。又東方朔傳「羿爲旄頭」注引應劭曰：「旄頭，今以羽林爲之，髮正上向而長衣繡衣，(一四)在乘輿車前。」据此則「施旄頭」之文，當爲羽林所職無疑也。屬羽林，取三輔良家子，自給。按：宋錢文子補漢兵志引此文，「羽林」下有「從官七百人」五字，「自給」下有「鞍馬」二字，蓋舊本脫此七字。又漢書如淳注引漢儀注亦云「羽林從官七百人」。孤兒無數，按：錢文子補漢兵志引此文句，首有「諸」字。父死子代，皆武帝時從軍死，子孤不能自活，養羽林，官比郎從官，從車駕，不得冠，置令一人，名曰羽林騎孤兒。

皇帝見諸侯王、列侯起，侍中稱曰：「皇帝爲諸侯王、列侯起！」起立，乃坐。太常贊曰：「謹謝行禮。」皇帝在道，丞相迎謁，謁者贊曰：「皇帝爲丞相下輿。」立乃升車。皇帝見丞相起，謁者贊稱曰：「皇帝爲丞相起。」立乃坐。太常贊稱：「敬謝行禮。」宴見，侍中、常侍贊，御史大夫見皇帝稱「謹謝」，將軍見皇帝稱「謝」，中二千石見皇帝稱「謝」，二千石見皇帝稱「制曰可」，太守見皇帝稱「謝」。拜御史大夫爲丞相，左、右、前、後將軍贊，五官中郎將授印綬；拜左、右、前、後將軍爲御史大夫，中二千石贊，左、右中郎將授印綬；拜中二千石，中郎將贊，御史中丞授印綬；拜千石、六百石，御史中丞贊，侍御史授印綬。印綬盛以篋，篋緑綈表，白素裏。尚書令史捧，西向，侍御史東向，取篋中印綬，授者却退，受印綬者手握持出，至尚書下，乃席之。丞相、列侯、將軍金印紫緺綬，中二千石、二千石銀印青緺綬，皆龜紐。其斷獄者印爲章。

漢初置相國史，秩五百石。後罷，并爲丞相史。

丞相府司直一人，秩二千石，職無不監。武帝初置，曰馬直官，今省。按：「馬直官」當作「司直官」，百官志本注曰：「世祖以武帝故事，置司直，居丞相府助督録諸州，建武十八年省。」〔一五〕

列侯爲丞相、相國，號君侯。御史大夫爲丞相，更春乃封。丞相車黑兩轓，騎者衣絳，掾史見禮如師弟子，白録不拜朝，示不臣也。聽事閤曰黄閤，無鐘鈴。掾有事當見者，主簿至曹請，不傳召，掾見脱履，公立席後荅拜。百石屬不得白事，當謝者西曹掾爲通謝部。吏二千石初除，詣東曹掾拜部，謁者贊之。

丞相門無塾，門署用梗板，方圓三尺，不垔色，不郭邑，署曰丞相府。東門、西門長史物故，廷尉正、監守。

丞相初置，吏員十五人，皆六百石，分爲東、西曹。東曹九人，出督州爲刺史。西曹六人，其五人往來白事東廂爲侍中，一人留府曰西曹，領百官奏事。長安給騎亭長七十人，六月一更倉頭廬兒。出入大車駟馬，前後大車、駢車，中二千石屬官以次送從。

丞相、太尉、大將軍史，秩四百石。按：漢書如淳注引漢儀注與此文同。

丞相、刺史常以秋分行部，御史爲駕四封乘傳。按：漢書平帝紀如淳注：「律，當乘傳及發駕置傳者，皆持尺五寸木傳信，封以御史大夫印章。其乘傳參封之。參，三也。有期會累封兩端，端各兩封，凡四封也。乘置馳傳五封也，兩端各二，中央一也。軺傳兩馬再封之，一馬一封也。」据此則前文所云「奉璽書使者乘馳傳」，當駕五封矣。到所部，郡國各遣吏一人迎界上，得載別駕自言受命移郡國，與刺史從事盡界罷。行載從者一人，得從吏所察六條。刺史舉民有茂材，移名丞相，丞相考召，取明經一科，明律令一科，能治劇一科，各一人。詔選諫大夫、議郎、博士、諸侯王傅、僕射、郎中令，取明經。選廷尉正、監、平，案章取明律令。選能治劇長安、三輔令，取治劇。皆試守，小冠，滿歲爲真，以次遷，奉引則大冠。

武帝元狩六年，初置大司馬。

丞相司置諫大夫，秩六百石。〔一六〕丞相少史，秩四百石，次三百石、百石。書令史斗食，缺，試中二千書佐高第補，因爲騎史。武帝元狩六年，丞相吏員三百八十二人：史二十人，秩四百石；少史八十人，秩三百石；屬百人，秩二百石；屬史百六十二人，秩百石。皆從同秩補。以爲有權衡之量，不可欺以輕重；有丈尺之度，不可欺以長短。官事至重，古法雖聖猶試，故令丞相設四科之辟，以博選異德名士，稱才量能，不宜者還故官。第一科曰德行高妙，志節清白。二科曰學通行修，〔一七〕經中博士。三科曰明曉法令，足以決疑，能案章覆問，文中御史。四科曰剛毅多略，遭事不惑，明足以照姦，勇足以決斷，才任三輔令。按：藝文類聚引此文「輔」下有「劇」字。皆試以能，信然後官之。第一科補西曹南閤祭酒，二科補議曹，三科補四辭八奏，四科補賊決。其以詔使案事御史爲駕一封，行赦令駕二封，皆特自奏事，各以所職劾中二千石以下。選中二十書佐試補令史，令史皆斗食，遷補御史令史。其欲以秩留者，許之。歲舉秀才一人，廉吏六人。

丞相典天下誅討賜奪，吏勞職煩，故吏衆。

君侯月一行屯衞，騎不以車。衞士初至未入，君侯到都門外勞賜吏士。

武帝元封五年，初分十三州，刺史假印綬，〔一八〕有常治所。按：漢志書太守、都尉之治，而刺史無有，故沈約、劉昭皆以爲傳車周流，無常治所。但刺史行部，必待秋分，則秋分以前當居何所耶？漢書朱博傳：「博遷冀州刺史，敕告吏民：欲言二千石墨綬長吏者，使者行部還，詣治所。」師古曰：「治所，刺史所止理事處。」是刺史本有治所，漢志特畧而不載耳，舊儀所云可取證也。奏事各有常會，擇所部二千石卒史與從，〔一九〕傳食比二千石所傳。刺史奏幽隱奇士，拜爲三輔縣令，比四百石。居後六卿，一切舉試守令，取徵事。○本注曰：徵事，比六百石。皆故吏二千石不以贓罪免，〔二〇〕降秩爲徵事。

郡國守丞長史上計事竟，遣君侯出坐庭，上親問百姓所疾苦。計室掾吏一人大音者讀敕畢，〔二一〕遣敕曰：「詔書數下，禁吏無苛暴，丞長史歸告二千石，凡民所疾苦，急去殘賊，審擇良吏，無任苛刻。治獄決訟，務得其中。明詔憂百姓困於衣食，二千石帥勸農桑，思稱厚恩，有以賑贍之，無煩擾奪民時。公卿以下，務飭儉恪。今俗奢奓過制度，日以益甚，二千石務以身帥有以化之。〔二一〕民冗食者謹以法，養視疾病，致醫藥務活之。詔書無飾廚傳增養食，至今未變，或更尤過度，甚不稱。歸告二千石，務省約如法。且案不改者，長吏以聞。守寺鄉亭漏敗，垣牆阤壞所治，無辦護者，不稱任，先自劾不應法。歸告二千石勿聽。」〔二三〕

惟神爵三年十月甲子，丞相受詔之官，按：百官公卿表：「神爵三年四月戊戌，御史大夫丙吉爲丞相。」與此文月日不合。皇帝延登，親詔之曰：「君其進，虚受朕言。朕鬱于大道，獲保宗廟，兢兢師師，夙夜思過失，不遑康寧，晝思百官未能綏。於戲丞相，其帥意無怠，以補朕闕。於戲羣卿大夫，百官慎哉，不勗于職，厥有常刑，往悉乃心，和裕開賢，俾之反本乂民，廣風一俗，靡諱朕躬。天下之衆，受制於朕，丞相可不慎歟？於戲！君其誡之。」

丞相府官奴婢傳漏以起居，不擊鼓。官屬吏不朝，旦白録而已。諸吏初除謁視事，問君侯應閤奴名，白事以方尺板叩閤，大呼奴名。君侯出入，諸吏不得見，見禮如師弟子狀。掾史有過，君侯取録，推其録，三日白病去。

御史、衛尉寺在宮中，亦不鼓。

詔書下，朱鉤施行。詔書下，有違法令，施行之不便，曹史白封還尚書，對不便狀。

丞相有病，皇帝法駕親至問病，從西門入。即薨，移居第中，車駕往弔，賜棺、斂具，贈錢、葬地。葬日，公卿以下會送。

有天地大變，天下大過，皇帝使侍中持節乘四白馬，賜上尊十斛，按：藝文類聚引此文「尊」下有「酒」字。養牛一頭，策告殃咎。使者去半道，丞相上病。使者還，未白事，尚書以丞相不起病聞。丞相不勝任，使者奉策書，駕驪駱馬，即時布衣，步出府，免爲庶人。丞相有他過，使者奉策書，駕騅騩馬，即時步出府，乘棧車牝馬，歸田里思過。日食，即日下赦曰制。詔御史，其赦天下自殊死以下。及吏不奉法，乘公就私，凌暴百姓，行權相放，治不平正，處官不良，細民不通，下失其職，俗不孝弟，不務于本，衣服無度，出入無時，衆彊勝寡，盜賊滋彰，丞相以聞。於是乃命刺史出刺并察監御史。元封元年，御史止不復監。後御史職與丞相參增吏員，凡三百四十一人，分爲吏、少史、屬，亦從同秩補，率取文法吏。

廷尉正、監、平物故，以御史高第補之。御史少史行事如御史，少史有所爲，即少史屬得守御史，行事如少史。少史秩比六百石。御史少史物故，以功次徵丞相史守御史少史。所代到官視事，得畱罷中二千石詹事、水衡都尉。

丞相史物故，調御史少史守丞相史，若御史少史。監祠寢園廟，調御史少史屬守，不足，丞相少史屬爲倅，事已罷。

丞相、刺史、侍御史，皆稱卿，不得言君。

御史中丞督司隸，司隸督司直，司直督二千石以下至黑綬。按：北堂書鈔引漢舊儀作「司隸督丞相，丞相督司直，司直督刺史，刺史督二千石」云云，與此文畧異。又「御史中丞」上有「武帝時」三字。

大夫見孝廉、上計丞、長史，皆放官司馬門外，比丞相掾史白錄。

御史大夫寺在司馬門內，門無塾，門署用梓板，不起郭邑，題曰御史大夫寺。

大夫初拜，策曰：「惟五鳳三年正月乙巳，御史大夫之官，按：百官公卿表：「五鳳三年六月辛酉，西河太守杜延年爲御史大夫。」與此文月日不合。皇帝延登，親詔之曰：『御史大夫其進，虛受朕言。朕鬱于大道，獲保宗廟，兢兢師師，夙夜思已失，不遑康寧，晝思百姓未能綏。於戲御史大夫，其帥意盡心，以補朕闕。於戲九卿、羣大夫，百官慎哉！不勗於厥職，厥有常辟，往悉乃心，和裕開賢，俾賢能反本乂民，靡諱朕躬。天下之衆，受制于朕，以法爲命，可不慎歟？於戲御史大夫，其誡之。』」敕上計丞、長史曰：「詔書數下，布告郡國：臣下承宣無狀，多不究，百姓不蒙恩被化，守、丞、長史到郡，與二千石力爲民興利除害，務有以安之，稱詔書。有郡國茂材不顯者言上，殘民貪污煩擾之吏，百姓所苦，務勿任用。方察不稱者也。」

校勘記

〔一〕御覽卷六八〇引作「止人，先置索室清宮而後往」。又孫星衍輯本前二卷皆本此輯，多有訂補。今凡孫氏已補正者，一般不再出校記，請逕參閱孫輯按語。

〔二〕通典卷五七引作「飛月之纓」。

〔三〕按續漢志補注作「皇帝行璽，凡封之璽賜諸侯王書，信璽，發兵徵大臣；天子行璽，策拜外國，事天地鬼神」。又御覽卷六八二作「皇帝行璽，賜諸侯王書，信璽，發兵徵大臣；天子行璽，外國事；天子之璽，事天地鬼神」。又唐六典卷八作「有事及發外國兵，用天子信璽；賜匈奴單于、外國王書，用天子之璽；諸下竹使符，徵召大事行州郡國者，用皇帝信璽；諸下銅獸符（「獸」當作「虎」，避唐諱所改），發郡國兵，用皇帝之璽；封拜王公以下，遣使就授，皆用皇帝行璽」。諸載各異。

〔四〕御覽卷六八二引有「布」字。

〔五〕孔本書鈔卷一三一此句下引有「自秦以來，天子獨稱璽，又以玉」十二字。

〔六〕御覽卷二二九無「金」字，「鉫」下有注曰：「音口，金飾器。」

〔七〕「將」字係衍文，據孫輯删。

〔八〕據孫輯改「左右」作「在石」。

〔九〕據通典卷二四、御覽卷二二七補「前」字。

〔一〇〕通典卷二四、御覽卷二二七「百官」下引有「事」字。

〔一一〕孔本書鈔卷五九「閉封」作「開封」，同卷引漢官典職亦同。

〔一二〕據孫輯補「書」字。

〔一三〕按漢書百官公卿表曰：期門，武帝建元三年初置，「有僕射，秩千石」。與漢舊儀異。

〔一四〕「上向」原誤倒，據漢書東方朔傳應劭注逕正。

〔一五〕通典卷二一曰：「光武以武帝故事置司徒司直，居司徒府，助司徒督録州郡所舉上奏，司直考察能否，以懲虛實。建武十一年省。」與續漢志所載「本注曰」之言異。按後漢書宣秉傳注曰：「司直，武帝元狩五年置。哀帝元壽二年，改丞相爲大司徒，中興因而不改，猶置司直。至建武十一年省司直，置長史一人，署諸曹事。」又光武帝紀亦言十一年夏四月丁卯，省大司徒司直官。杜林傳亦同。「本注曰」言「居丞相府」，「建武十八年省」，均誤。四庫館臣引以爲據，失考。

〔一六〕按漢書百官公卿表曰：「武帝元狩五年初置諫大夫，秩比八百石。」至東漢改稱諫議大夫，秩爲六百石，事見續漢志。胡廣注曰：「武帝元狩五年置諫大夫爲光禄大夫，世祖中興，以爲諫議大夫。」漢舊儀既言西京舊制，而曰秩六百石，誤也。

〔一七〕類聚卷四五引作「學道修行」。

〔一八〕漢書武帝紀注「假」字在「刺史」之上。

〔一九〕漢書王尊傳如淳注引漢儀注「從」字下有「事」字。

〔二〇〕漢書昭帝紀張晏注引漢儀注「免」字下有「者」字。

〔二一〕續漢志補注「大音」下無「者」字。

〔二〕續漢志補注「以益甚」上無「日」字，「以身帥」上無「務」字。

〔三〕續漢志補注「聽」上無「勿」字，當是。

漢官舊儀卷下

漢衞宏撰

中宮及號位

皇后稱中宮。

婕妤見，大長秋稱「皇后爲婕妤下輿」，坐稱「起」，禮比丞相。婭娥見，女御長稱「謝」，按：漢書戾太子傳「長御倚華」如淳注引漢儀注云：「女長御比侍中，皇后見婭娥以下，長御稱謝。」與此文相合，惟「御長」作「長御」稍異。又鄭氏云：「長，音如長者。」禮比將軍、御史大夫。昭儀見，稱「謝」，比中二千石。貴人見，稱「皇后詔曰可」，禮比二千石。美人無數。婕妤以下皆居掖庭，置令、丞、廬監，宦者。女御長如侍中。

皇后一人。婕妤以至貴人，皆至十數。美人比待詔，無數，元帝、成帝皆且千人。

侍中左右近臣見皇后，如見按：北堂書鈔引此文「見」下有「帝」字。婕妤，〔一〕行則對璧，坐則伏茵。皇后、婕妤乘輦，餘皆以茵，四人輿以行。

皇后玉璽，文與帝同。皇后之璽，金螭虎紐。○本注曰：一本無此條。

皇后春桑，皆衣青，手采桑，以繅三瓮繭，按：藝文類聚引此文作「三盆」，「瓮」字誤。羣臣妾從。春桑生而皇后親桑，於苑中蠶室，養蠶千薄以上。祠以中牢羊豕，祭蠶神曰苑窳婦人、寓氏公主，凡二神。羣臣妾從桑還，獻于繭觀，皆賜從採桑者樂。〔三〕皇后自行。凡蠶絲絮，織室以作祭服。祭服者，冕服也。天地宗廟羣神五時之服。按：後漢書東平王蒼傳「五時衣各一襲」，李賢注：「謂春青，夏朱，季夏黃，秋白，冬黑。」晉書職官志有「五時朝服」，蓋朝祭皆以爲法服也。藝文類聚引此文，「羣神」作「羣臣」，誤。皇帝得以作縷縫衣，皇后得以作巾絮而已。置蠶官令、丞，諸天下官下法皆詣蠶室，與婦人從事，故舊有東西織室作治。

皇后五日一上食，食賜上左右酒肉，留宿，明日平旦歸中宮。

皇帝聘皇后，黃金萬斤。按：漢書王莽傳：「故事，聘皇后黃金二萬斤，爲錢二萬萬。」與此文異，疑「萬」上脫「二」字。

立皇后、太子，大赦天下，賜天下男子爵，女子牛酒繒帛，夫增秩。

掖庭令晝漏未盡八刻，廬監以茵次上婕妤以下至後庭，訪白錄所錄，所推當御見。刻盡，去簪珥，蒙被入禁中，五刻罷，即留。女御長入，扶以出。御幸賜銀鐶，令書得鐶數，計月日無子，罷廢不得復御。

宫人擇官婢年八歲以上，侍皇后以下，年三十五出嫁。乳母取官婢。

皇太子稱家，動作稱從。

皇太子黄金印，龜紐，印文曰章。下至二百石，皆爲通官印。

太傅一人，真二千石，禮如師。亡新更爲太子師，中庶子五人，職如侍中，秩六百石。

中尚翼中涓，如中黄門，皆宦者。

門大夫比郎將。

洗馬職如謁者，十六人，選郎中補也。

庶子舍人，按：續漢書百官志太子庶子、太子舍人爲兩官。此書庶子已别見後條，此條「庶子」二字疑當作「太子」。四百人，按：「四百人」三字疑衍。如郎中，秩比二百石，無員，多至四百人。亡新改名爲翼子。

率更令，秩千石，主庶子舍人更直。亡新改爲中更。丞一人，秩四百石。

家令，秩千石，主倉獄。〔三〕亡新改爲中更。

家府，比二千石。〔四〕

僕，秩千石，主馬。

庶子，秩比四百石，如中郎，無員。亡新改爲中翼子。

衛率，秩比千石。丞一人，主門衛。

食官令，秩六百石。丞一人。

中盾，秩四百石，主周衞徼循。

庶子舍人五日一移，主率更長三不會輒斥。官奴擇給書計，從侍中以下爲倉頭，青幘，與百官從事從入殿中。省中待使令者，皆官婢，擇年八歲以上衣緣按：「緣」字疑「緑」字之訛。曰宦人，不得出省門。置都監。老者曰婢，婢教宦人給使尚書。侍中皆使官婢，不得使宦人。奴婢欲自贖，錢千萬，免爲庶人。宮殿中宦者署、郎署，皆官奴婢。傳言曰作者，歌傳以呼召侍中以下署長。○本注曰：宦者及郎署長各顧門户，擇官奴赤幘，部領作者，掃除曰正。○本注曰：歌傳取於雒陽。古周時傳呼聲法。按：此注當在「歌傳以呼召」句下。

天子六廏，未央廏、承華廏、騊駼廏、路軨廏、騎馬廏、大廏，馬皆萬匹。

中黄門駙馬、大宛、〔五〕汗血馬、乾河馬、天馬、果下馬。○本注曰：果下馬，高三尺，駕輦。大宛、汗血馬皆高七尺。乾河馬，華山神馬種也。

長安城方六十里，按：後漢書郡國志京兆尹條下注云：「長安城方六十三里。」漢志似誤。經緯各十五里，〔六〕十二城門，積九百七十三頃，百二十亭。長安城方六十里，中皆屬長安令。置左、右尉。城東、城南置廣部尉，城西、城北置明部尉，凡四尉。

皇后、太子各食四十縣，曰湯沐邑。按：藝文類聚引此文作「三十縣」。

帝子爲王。王國置太傅、相、中尉各一人，秩二千石，以輔王。僕一人，秩千石。郎中令，秩六百石，置官如漢官官吏。郎、大夫、四百石以下自調除。國中漢置内史一人，秩二千石，治國如郡太守、都尉職事，調除吏屬。相、中尉、傅不得與國政，輔王而已。當有爲，移書告内史。内史見傅、相、中尉，禮如都尉。太守、按：「太守」當作「太傅」。相置長史，中尉及内史令置丞一人，皆六百石。成帝時，大司空何武奏罷内史，相如太守，中尉如都尉，參職。是後相、中尉爭權，與王遞相奏，常不和。

王子爲侯。

侯、王歲以户口酎黄金，獻于漢廟，皇帝臨受獻金以助祭。大祠曰飲酎，飲酎受金，小不如斤兩，色惡，王奪户，侯免國。

漢承秦郡，置太守，治民斷獄。都尉治獄，都尉治盜賊甲卒兵馬。

民年二十三爲正，一歲而以爲衛士，一歲爲材官騎士，習射御騎馳戰陣。八月，太守、都尉、令、長、相、丞、尉會都試，課殿最。水處爲樓船，亦習戰射行船。

邊郡太守各將萬騎，行障塞烽火追虜。置長史一人，掌兵馬。丞一人，治民。當兵行，長史領。置部都尉、千人、司馬、候、農都尉，皆不治民，不給衛士。材官、樓船年五十六老衰，乃得免爲民，就田里。民應令選爲亭長。〔七〕

亭長課射，游徼徼循。尉、游徼、亭長，皆習設備五兵。五兵：弓弩，戟，盾，刀劍，甲鎧。鼓武字衍。吏，赤幘大冠，行縢，帶劍佩刀，持盾被甲，設矛戟，習射。按：此文原本自「甲鎧鼓」以上爲一條，而「武吏赤幘大冠」以下別爲一條。今考北堂書鈔引此文云：「亭長習設五兵，五兵言弩，戟，刀，劍，鎧也。」其於五兵不數盾者，蓋傳寫脱漏，而並不及鼓，則「鼓」字自當屬下文讀。續漢書志注引此亦作「鼓吏赤幘」云云，無「武」字。原本既分爲兩條，又衍一「武」字，俱誤。

設十里一亭，亭長、亭候；五里一郵，郵間相去二里半，司姦盜。亭長持三尺板以劾賊，〔八〕索繩以收執盜。

舊制尉皆居官署，有尉曹官中領平鑠署。按：此句疑有脱誤。

更令吏曰令史，丞吏曰丞史，尉吏曰尉史，捕盜賊得捕格。

縣户口滿萬，置六百石令，多者千石。户口不滿萬，置四百石、三百石長。大縣兩尉，小縣一尉，丞一人。三百石丞、縣長黄綬，皆大冠。亡新令長爲宰，皆小冠，號曰夫子。亡新時有五百石，八百石。府下置詔獄。○本注曰：府，河南府也。鄧展曰：舊洛陽有兩獄。

建始二年，按：元帝紀建昭二年三月，益三河大郡太守秩。成帝建始二年，並無益秩之文。「建始」當作「建昭」。益三河及大郡太守秩。○本注曰：十二萬户以上爲大郡太守，小郡守遷補大郡。

元朔三年，以上郡、西河爲萬騎太守，月奉二萬。綏和元年，省大郡萬騎員秩，以二千石居。

舊制：令六百石以上，按：「令」字疑當作「吏」。尚書調；拜遷四百石長相至二百石，丞相調；除中都官百石，按：漢書師古注：「中都官，京師諸官府。」大鴻臚調；郡國百石，二千石調。哀帝時，長相皆黑綬。亡新吏黑綬，有罪先請，與廉吏同。按：宣帝紀黄龍元年詔曰：「舉廉吏，誠欲得其真也。吏六百石位大夫，有罪先請，秩禄上通，足以效其賢才，自今以來毋得舉。」據此則有罪先請，爲吏六百石以上不得復舉孝廉者。此文乃曰「與廉吏同」，未詳其義，疑上下文有脱誤。

内郡爲縣，三邊爲道，皇后、太子、公主所食爲邑。

算民，年七歲以至十四歲出口錢，〔九〕人二十三。以食天子。按：句首脱「二十錢」三字。其三錢者，武帝加口錢，以補車騎馬逋税。〔一〇〕又令民男女年十五以上至五十六賦錢，人百二十，爲一筭，以給車馬。民田積芻槀，以給經用，備凶年。山澤魚鹽市税，以給私用。按：武帝紀：「太初二年，籍吏民馬，補車騎馬。」蓋自元狩四年以來，縣官錢少，買馬難得，於是有馬者籍之，且于口賦之外增三錢，以補車騎馬之用。所謂「馬口錢」者，此也。其後昭帝省乘輿馬及苑馬，元鳳二年詔郡國無斂馬口錢。前後漢書並無以口錢補逋税之文。逋税乃逐年收責，不籍口賦錢補也。此條所云「以補車騎馬逋税」，當是明時校録者，緣光武紀「建武二十二年，口賦逋税勿收責」一條注中引漢儀注牽連「逋税」二字而誤。

漢舊制，天下郡國凡百六，邑侯國凡千八百。上林苑中昆明池、鎬池、牟首諸池，〔一一〕取魚鼈，給祠祀。用魚鼈千枚以上，餘給太官。

上林苑中以養百獸。禽鹿嘗祭祠祀，賓客用鹿千枚，麕兔無數。佽飛具繒繳以射鳧鴈，應給祭祀置酒，每射收得萬頭以上，給太官。

上林苑中，天子秋冬射獵，取禽獸無數實其中。離宫觀七十所，〔三〕皆容千乘萬騎。

武帝時，使上林苑中官奴婢，及天下貧民貲不滿五千，徙置苑中養鹿。因收撫鹿矢，人日五錢，到元帝時七十億萬，以給軍擊西域。

古者諸侯治民。周以上千八百諸侯，其長伯爲君，次仲、叔、季爲卿大夫，支屬爲士、庶子，皆世官位。至秦始皇帝滅諸侯爲郡縣，不世官，守、相、令、長以他姓相代，去世卿大夫士。

漢承秦爵二十等，以賜天下。爵者，禄位也。

公士，一爵。賜爵一級爲公士，謂爲國君列士也。

上造，二爵。賜爵二級爲上造，上造乘兵車也。

簪褭，三爵。賜爵三級爲簪褭。

不更，四爵。賜爵四級爲不更，不更主一車四馬。

大夫，五爵。賜爵五級爲大夫，大夫主一車，屬三十六人。

官大夫，六爵。賜爵六級爲官大夫，官大夫領車馬。

公大夫，七爵。賜爵七級爲公大夫，公大夫領行伍兵。

公乘，八爵。賜爵八級爲公乘，與國君同車。

五大夫，九爵。賜爵九級爲五大夫。以上次年德爲官長將率。秦制爵等，生以爲祿位，死以爲號謚。按：百官志注引荀綽晉百官表注曰：「自公士至五大夫，皆軍吏也。自左庶長至大庶長，皆卿大夫，皆軍將也。」此條所云官長、將率、祿位、謚號，非顯指軍吏之辭，似當在二十爵一條下，爲總結之文，或者錯簡在此耳。

左庶長，十爵。

右庶長，十一爵。

左更，十二爵。

中更，十三爵。

右更，十四爵。

少上造，十五爵。

大上造，十六爵。

駟車庶長，十七爵。

大庶長，十八爵。

侯，十九爵。按：「侯」當作「關内侯」。前漢書十九「關内侯」師古曰：「言有侯號，而居京畿，無國邑。」

列侯，二十爵。

秦制二十爵。男子賜爵一級以上，有罪以減，年五十六免。無爵爲士伍，年六十乃免者，〔三〕有罪，各盡其刑。凡有罪，男髡鉗爲城旦，城旦者，治城也；女爲舂，舂者，治米也，皆作五歲。完四歲，鬼薪三歲。鬼薪者，男當爲祠祀鬼神，伐山之薪蒸也；女爲白粲者，以爲祠祀擇米也，皆作三歲。罪爲司寇，司寇男備守，女爲作，如司寇，皆作二歲。按：「爲司寇」數句疑有脱誤。攷前漢書刑法志：「隸臣妾滿二歲爲司寇，司寇一歲，及作如司寇二歲，皆免爲庶人。」與此互異。男爲戍罰作，女爲復作，皆一歲到三月。按：此下疑有脱誤，或當别爲一條。令曰：秦時爵大夫以上，令與亢禮。

五人爲伍，伍長一人。十人爲什，什長一人。百人爲卒，卒史一人。五百人爲旅，旅帥一人。二千五百人爲師，師帥一人。萬二千五百人爲軍，軍將一人。以上卿爲將軍。九夫爲井，四井爲邑，四邑爲邱，四邱爲乘，乘則具車一乘，四馬，步卒三十人。千乘之國，馬四千四，步卒三萬六千人，爲三軍，大國也。次國二軍，小國一軍。

校勘記

〔一〕孔本書鈔卷五八「婕妤」上有「帝見」二字，「帝」字屬上讀。

〔二〕點校本續漢志補注改「樂」作「絲」，甚是。

〔三〕續漢百官志作「主倉穀飲食，職似司農、少府」，疑「獄」係「穀」之誤。

〔四〕按太子官屬秩比二千石者，惟太子詹事，事見應劭漢官儀。疑此「家」指太子，前文曰「皇太子稱家」是也。「府」當指詹事府。家府者，太子詹事之別稱。

〔五〕文選赭白馬賦注「大宛」上有「又」字，下有「馬」字。

〔六〕史記呂太后本紀索隱引作「經緯各十二里」。

〔七〕續漢志補注引漢官儀「應令」作「應合」。

〔八〕續漢志補注引漢官儀作「持二尺板」。

〔九〕漢書昭帝紀如淳注引作「出口賦錢」。疑此輯脱「賦」字。

〔一〇〕孫輯删「逋税」二字，是。

〔一一〕三輔黄圖卷四「牟首」作「牛首」。

〔一二〕「七十所」原誤作「十七所」，據孫輯改。初學記卷二四、御覽卷一九六均引作「七十所」，三輔黄圖卷四亦同。

〔一三〕「者」原作「老」，據孫輯改。

補遺

上林詔獄，主治苑中禽宫館事，屬水衡。成帝紀建始元年注

諸侯王黄金璽，槖駝鈕，文曰璽。師古曰：「謂刻云某王之璽。」百官公卿表注

銀印，背龜鈕，其文曰章。師古曰：「謂刻曰某官之章也。」百官公卿表注

六百石、四百石至二百石以上，皆銅印鼻鈕，文曰印。師古曰：「謂鈕但作鼻，不爲蟲獸之形，而刻文云某官之印。」百官公卿表注

右前漢書凡四條

先農，〔一〕神農炎帝也。〔二〕祠以太牢，百官皆從。皇帝親執耒耜而耕。天子三推。三公五，孤卿十，〔三〕大夫十二，士，庶人終畝。〔三〕乃致藉田倉，置令丞，以給祭天地宗廟，以爲粢盛。明帝紀永平四年注　又禮儀志「正月始耕」一條下注，亦引此條，有「大賜三輔二百里孝弟、力田、三老帛，種百穀萬斛」句。

伏日萬鬼行，故盡日閉，不干它事。和帝紀永元六年注

皇帝惟八月酎，車駕夕牲，牛以絳衣之。皇帝暮視牲，以鑑燧取水于月，以火燧取火于日，爲明水火。左袒，以水沃牛右肩，手執鸞刀，以啓牛毛薦之，而卽更衣巾，待牛熟，乃祀之。〔四〕禮儀志注

求雨，太常禱天地、宗廟、社稷、山川以賽，各如其常牢，禮也。四月立夏旱，乃求雨禱雨而已。後旱，復重禱而已。訖立秋，雖旱不得禱求雨也。禮儀志注

顓頊氏有三子，生而亡去爲疫鬼。一居江水，是爲虎；〔五〕一居若水，是爲魍魎蜮鬼；一居人宮室區隅漚庾，善驚人小兒。「漚庾」未詳。〔六〕方相帥百隸及童女，〔七〕以桃弧、棘矢、土鼓，鼓且射之，以赤丸、五穀播灑之。禮儀志注

祭天紫壇幄帷。〔八〕高皇帝配天，居堂下西向，紺帷帳，紺席。祭祀志注祭天，養牛五歲，至三千斤。祭祀志注　按：「三千斤」疑有誤。

宗廟三年大祫祭于高廟，諸廟神皆合食，〔九〕設左右座。高祖南面，幄繡帳，望堂上西北隅。帳中座長一丈，廣六尺，繡茵厚一尺，著之以絮四百斤。曲几，黄金釦器。高后右座，亦幄帳，却六寸。白銀釦器。每牢中分之，左辨上帝，右辨上后。俎餘委肉積於前數千斤，名曰帷俎。〔一〇〕子爲昭，孫爲穆。昭西面，曲屏風，穆東面，皆曲几，如高祖。饌陳其右，各配其左，坐如祖妣之法。太常導皇帝入北門。羣臣陪者，皆舉手班辟抑首伏。大鴻臚、大行令、九儐傳曰：「起。」復位。皇帝上堂盥，侍中以巾奉觶酒從。帝進拜謁。贊饗曰：「嗣曾孫皇帝敬再拜。」前上酒。却行，至昭穆之坐次上酒。子爲昭，孫爲穆，各父子相對也。畢，却西面坐，坐如乘輿坐。按：二句疑有脱誤。贊饗奉高祖賜壽，皇帝起再拜，即席以太牢之左辨賜皇帝，如祠。其夜半入行禮，平明上九卮，畢，羣臣皆拜，因賜胙。皇帝出，即更衣中，詔罷，當從者奉承。祭祀志注

凡齋，紺幘；耕，青幘；秋貙劉，服緗幘。輿服志注

右後漢書凡九條

臘者，報諸鬼神，古聖賢有功於民者也。

漢法，三歲一祭於雲陽宮甘泉壇。以冬至日祭天，天神下。三歲一祭地於河東汾陰后土宮，以夏至日祭地，地神出。祭五帝於雍畤。祭天用六綵綺席，六重，上一丈，中一幅，四周緣之。玉几，玉飾器。

桓帝祭天，居玄雲宮，〔二〕齋百日，上甘泉通天臺，高三十丈，以候天神之下。見如流火，舞女童三百人，皆年八歲。天神下壇所，舉烽火，桓帝就竹宮中，〔三〕不至壇所。甘泉臺去長安三百里，望見長安，成帝以來所祭天之圜丘也。

祭地河東汾陰后土宮。宮曲入河，古之祭地，澤中方丘也，禮儀如祭天。

武帝初置博士，取學通行修，博識多藝，曉古文爾雅，能屬文章，爲高第。朝賀位次中都官史。稱先生，不得言君。其真弟子稱門人。

孝文皇帝時，博士七十餘人，朝服玄端，章甫冠。

太僕帥諸苑三十六所，分布北邊。以郎爲苑監，官奴婢三萬人，分養馬三十萬頭，擇取給六廄，牛羊無數，以給犧牲。按：漢書如淳注引此條作「漢（官）儀注」。〔一三〕

將作大匠，改作少府。景帝中六年更名。

高皇帝家在豐中陽里，爲沛泗上亭長。及爲天子，立沛廟，祠豐故宅。

右藝文類聚凡九條

議郎、中郎，秦官也。議郎秩比六百石，特徵賢良方正敦朴有道第。公府掾试博士者，拜中郎也。〔四〕

議郎十二人，不屬署，不直事待御史。遷補博士、諸侯王郎中令。〔五〕

中書掌詔誥答表，皆機密之事。

高后选孝悌为郎。

武帝元年，令郡國舉孝廉各一人，詣御史。

右北堂書鈔凡五條

正月五日大置酒，饗衛士。

右錢文子補漢兵志一條

校勘記

〔一〕據後漢書明帝紀注、續漢志補注補「耕」字。又續漢志補注首句引作「春始東耕於藉田，官祠先農」。

〔二〕「孤卿十」本或作「孤卿七」。按續漢志補注引周禮鄭玄注作「九」，引月令章句作「七」，無作「十」之說。又盧植禮記注曰：「卿、諸侯當究成天子之職事，故以九爲數。」禮記月令正作「九」。據此則作「七」或作「十」，均非。

〔三〕據後漢書明帝紀注補「士」字。

〔四〕點校本續漢志補注「以啓牛毛」作「以切牛毛」。又通典卷五二作「以切牛尾之毛」，御覽卷二二五、又卷五二六作「以切牛毛血」，引各有異，惟通志略卷一九與續漢志補注同。又點校本據盧文弨校删「中」字，改末六字作「侍中上熟乃祀之」，即本通典、通志略所引，可備一說。

〔五〕文選東京賦注「虎」作「虐鬼」。御覽卷五三〇引禮緯亦同。

〔六〕點校本續漢志校勘記以爲「漚庾」係「區隅」之音注，甚是。

〔七〕文選東京賦注引「童女」作「童子」。

〔八〕點校本續漢志補注引作「祭天居紫壇幄帷」。又書鈔卷九〇、初學記卷一三、類聚卷三八、通典卷四二「祡」均作「紫」。

〔九〕點校本續漢志補注「于高廟」上引有「子孫諸帝以昭穆坐」八字，「廟神」上又有「際」字。

〔一〇〕續漢志補注「帷組」作「惟組」，惠棟後漢書補注曰：「『惟』一作『多』。」恐當以孫星衍校作「堆組」爲是。

〔一一〕御覽卷五二七「玄雲宮」引作「雲陽宮」，是。

〔一二〕據類聚卷三八、御覽卷五二七改「行宮」爲「竹宮」。三輔黃圖卷三亦曰：「竹宮，甘泉祠宮也。漢舊儀云竹宮去壇三里。」可以爲證。

〔一三〕「官」係衍文，據漢書景帝紀如淳注删。

〔一四〕此引乃漢官儀之文，四庫館臣誤引。又「中郎」本作「郎中」。

〔一五〕此亦漢官儀之文。

漢舊儀二卷補遺二卷

孫星衍叙録

後漢書衛宏傳：宏作漢舊儀四卷，以載西京舊事。隋志：漢舊儀四卷，衛敬仲撰。南監本作漢書儀。陳氏書録解題：漢官舊儀三卷，漢議郎東海衛敬仲撰，或云胡廣。聚珍板所刊永樂大典本，亦作漢官舊儀。案：胡廣撰漢官解詁，非撰舊儀。或後人見此書所載多官制，因加「官」字。今以聚珍板二卷本爲定，依宏本傳作漢舊儀，以諸書所引校證於下，别作補遺二卷。漢舊儀本有注，魏晉唐人引漢儀注，悉是此書。今不復分别，唯永樂大典本所存原注，仍以小字書之。

漢舊儀卷上

漢議郎衛宏撰

清孫星衍校

皇帝起居儀宫司馬内，百官案籍出入，營衛周廬，晝夜誰何。殿外門署屬衛尉，殿内郎署屬光禄勳，黄門、鉤盾署屬少府。輦動則左右侍帷幄者稱警，車駕則衛官填街，騎士塞路。出殿則傳蹕，案：文選赭白馬賦注引作「駕出則傳蹕」。止人清道，案：東京賦注、赭白馬賦注引「人」上有「行」字。建五旗，案：漢書揚雄傳注引作「皇帝輿動，建五色旗」。丞相、九卿執兵奉引。乘輿冠高山冠，飛羽之纓，案：續漢志補注引「飛羽」作「飛月」。晉書輿服志引此文作「漢官儀」，「飛羽」作「飛翮」。幘耳赤，丹紈裏，案：續漢志補注引「裏」下有「衣」字。帶七尺斬蛇劍，履虎尾絇履，案：太平御覽服章部引作「豹履」。諸王歸國稱從。

皇帝六璽，皆白玉螭虎紐，案：唐六典八引作「獸紐」，因避唐諱改。文曰「皇帝行璽」、「皇帝之璽」、「皇帝信璽」、「天子行璽」、「天子之璽」、「天子信璽」，凡六璽。以皇帝行璽爲凡雜以皇帝之璽賜諸侯王書；案：本作「皇帝行璽，凡封之璽，賜諸侯王書」。續漢志補注引同。今從唐六典引改。通典職官引此段作漢官儀，云「皇帝行璽、天子之璽賜王侯書」。以皇帝信璽發兵；案：「以皇帝」三字，從唐六典引補。其徵大臣，以天子行璽；案：續漢志補注引無「其」字。策拜外國事，案：唐六典引無「策拜」二字。以天子之璽；事天地鬼神，案：唐六典引作「鬼神事」。以天子信璽。皆以武都紫泥封，青布囊，案：續漢志補注引無「布」字。白素裏，兩端無縫，尺一板中約署。皇帝帶綬，黃地六采，不佩璽。璽以金銀縢組，案：下「璽」字，從續漢志補注引補。侍中組負以從。秦以前民皆佩綬，以金、銀、銅、犀、象爲方寸璽，〔一〕案：「金」下本有「玉」字，從北堂書鈔儀飾部、太平御覽儀式部引删。各服所好。漢以來，〔二〕天子獨稱璽，又以玉，羣臣莫敢用也。案：「漢以」下十七字本脫，從太平御覽引補。北堂書鈔引作「自秦以來，天子之璽始以玉爲之」。奉璽書使者乘馳傳，案：白帖三十五引「馳」作「驛」。其驛騎也，三騎行，晝夜行千里爲程。

太官尚食，案：太平御覽職官部引作「上食」，下同。用黄金釦器；中官、私官尚食，用白銀釦器，如祠廟器云。案：「如祠廟器云」五字，從太平御覽引補。

中官、小兒官及門户四尚、中黄門持兵，三百人侍宿。

冗從吏僕射，案：續漢志云「中黄門冗從僕射」。出則騎從夾乘輿車，居則宿衛，直守省中門户。省中，禁中也。成帝外家王禁貴重，朝中爲諱禁，故曰省。案：文選西征賦注引作「孝元皇后父名禁，避之，故曰省」。

中常侍，宦者，秩千石。得出入卧内禁中諸宫。案：通典職官引「禁中諸宫」作「舉法省中」。

侍中，無員。或列侯、將軍、衛尉、光禄大夫、侍郎爲之，案：本作「光禄、將、大夫、郎爲之」。藝文類聚職官部引作「光禄大夫爲侍郎」，太平御覽職官部引作「光禄大夫爲之」，今改正。得舉非法，白請及出省户休沐，往來過直事。

御史，員案：漢書蕭望之傳如淳注引作「御史大夫史員」四十五人，皆六百石。案：太平御覽職官部引「皆」下有「是」字。其十五人衣絳，給事殿中，爲侍御史，宿廬在石渠門外。案：「在石」二字本譌作「左右」，從通典職官、太平御覽引改。二人尚璽，〔四人〕持書給事，〔三〕二人侍前，中丞一人領。案：「前」字從通典、太平御覽引補。餘三十人留寺，案：蕭望之傳注引「餘」上有「其」字，「留寺」作「留守」。理百官事也，案：「事」字從太平御覽引補。皆冠法冠。案：四字從蕭望之傳注引補。

給事中，無常員，位次侍中、常侍。

尚書四人，爲四曹。常侍曹尚書，案：「常」字從漢書成帝紀注、唐六典四引補。主丞相、御史事；二千石曹尚書，主刺史、二千石事；民曹尚書，案：成帝紀注、後漢書應劭傳注、唐六典四引皆作「户曹」。主庶民上書事；主客曹尚書，案：本作「客曹」，「主」字從應劭傳注引補。主外國四夷事。成帝初置尚書，員五人，案：續漢志補注引作「初置五曹」。有三公曹，主斷獄事。案：「事」字從成帝紀注引補。

尚書令主贊奏封下書，僕射主閉封。〔四〕案：北堂書鈔設官部引「封」下有「府」字。丞二人，主報上書者，兼領財用火燭食廚。漢置中書官，案「書」字從北堂書鈔引補。初學記職官部引作「中書」，無「官」字。領尚書事。中書謁者令一人。成帝建始四年罷中書官，以中書爲中謁者令。

尚書郎四人：其一郎主匈奴單于營部，案：「其一郎主」四字，從唐六典四引補。一郎主羌夷吏民，案：「一郎」本作「二郎」，從唐六典九引改。民曹一郎主天下户口墾田功作，謁者曹一郎案：唐六典九引無「曹」字。主天下見錢貢獻委輸。

中臣在省中皆白請，其宦者不白請。尚書郎宿留臺，中官給青縑白綾被或錦被、帷帳、氊褥、通中枕，太官供食，湯官供餅餌果實，下天子一等。給尚書郎伯二人，女侍史二人，皆選端正者從直。伯送至止車門還，女侍史執香爐燒薰，從入臺護衣。

黄門令領黄門謁者。騎吹曰冗從，僕射一人，領髦頭。

左曹日上朝謁，秩二千石。

右曹日上朝謁，秩二千石。

黄門郎屬案：廣韻三十四果注引無此四字。〔五〕黄門令，日暮入對青鎖門案：續漢志補注引無「門」字。初學記職官部引作「青鎖闥」。太平御覽職官部引與今本同。拜，名曰夕郎。案：續漢志補注引「拜名」作「拜夕」。〔六〕

五官中郎將，秩比二千石，主五官郎中。

左、右中郎將，秩比二千石，主謁者、常侍侍郎，以貲進。左主謁者，右主常侍侍郎。案：太平御覽職官部引「左中郎將主謁者」，「右中郎將主常侍侍郎」，作二條。

五官屬光禄勳，不得上朝謁。兼左、右曹諸吏，得上朝謁。

郎中令主郎中。左車將主左車郎，右車將主右車郎，左户將主左户郎，右户將主右户郎，案：漢書百官公卿表如淳注引作「左、右車將主左、右車郎，左、右户將主左、右户郎」。秩皆比千石，獨郎中令比二千石。

黄門冗從持兵，無數，宣通内外。宦者署、尚書皆屬少府。殿中諸署、五郎將屬光禄勳。宫司馬、諸隊都候領督盜賊，屬執金吾。司馬掖門殿門屯衞士，皆屬衞尉。

右中二千石、二千石四官，案：此條本題「上事四官：少府、光禄勳、執金吾、衞尉也」。奉宿衞，各領其屬，斷其獄。

期門騎者，隴西工射獵人及能用五兵材力三百人，行出會期門下，從射獵，無員，秩比郎從官，名曰期門騎。置僕射一人，秩六百石。騎持五旗別外内。王莽更名虎賁郎，遷補吏署。中郎將一人，施旄頭，屬羽林，從官七百人，案：「從官七百人」五字，從漢書宣帝紀如淳注、宋錢文子補漢兵志引補。取三輔良家子，自給鞍馬。案：「鞍馬」二字從補漢兵志引補。諸孤兒無數，案：「諸」字從補漢兵志引補。父死子代，皆武帝時從軍死，子孤不能自活，養羽林，官比郎從官，從車駕，不得冠，置令一人，名曰羽林騎孤兒。

皇帝見諸侯王、列侯起，侍中稱曰：「皇帝爲諸侯王、列侯起！」起立，乃坐。太常贊曰：「謹謝行禮。」皇帝在道，丞相迎謁，謁者贊稱曰：案：「稱」字從漢書翟方進傳注、後漢書陳忠傳注引補。「皇帝爲丞相下輿」。立乃升車。皇帝見丞相起，謁者贊稱曰：「皇帝爲丞相起。」立乃坐。案：「皇帝見丞相起」一段，翟方進傳注、陳忠傳注引在「皇帝在道」一段上。太常贊稱：「敬謝行禮。」宴見，侍中、常侍贊，御史大夫見皇帝稱「謹謝」，將軍見皇帝稱「謝」，中二千石見皇帝稱「謝」，二千石見皇帝稱「制曰可」，太守見皇帝稱「謝」。拜御史大夫爲丞相，左、右、前、後將軍贊，五官中郎將授印綬；案：通典職官引無「綬」字，下同。拜左、右、前、後將軍爲御史大夫，案：通典引作「拜御史大夫」，無「左、右、前、後將軍爲」七字。中二千石贊，案：通典引無「中」字。左、右中郎將授印綬；拜中二千石，中郎將贊，御史中丞授印綬。印綬盛以篋，篋以緑綈案：下「以」字從太平御覽布帛部引補。表，白素裏。

案：太平御覽引作「白表赤裏」。尚書令史捧，西向，侍御史東向，取篋中印綬，授者卻退，受印綬者手握持出，至尚書下，乃席之。案：「席」當作「帶」。丞相、列侯、將軍金印紫綬，中二千石、二千石銀印青綬，皆龜紐。其斷獄者，印爲章也。案：續漢志補注引作「銀爲章」。又「也」字從續漢志補注、通典職官引補。〔七〕

漢初置相國史，秩五百石。後罷，并爲丞相史。

丞相府司直一人，秩二千石，職無不監。武帝初置。曰馬直官，今省。案：「馬直官」當作「司直官」。列侯爲丞相、相國，號君侯。案：漢書劉屈氂傳如淳注、文選贈五官中郎將詩注引無「相國」二字，又引「號」作「稱」。御史大夫爲丞相，更春乃封，故先賜爵關内侯。案：「故先賜爵」句，從漢書平當傳如淳注引補。丞相車黑兩轓，案：藝文類聚職官部引作「兩黑轓」，太平御覽職官部引作「兩墨轓」。〔八〕騎者衣絳，案：藝文類聚、太平御覽引作「戈緣」。〔九〕掾史見禮如師弟子，白錄不拜朝，示不臣也。聽事閣曰黃閤，案：二「閣」字皆當作「閤」。無鐘鈴。掾有事當見者，主簿至曹請，不傳召，掾見脱履，公立席後荅拜。百石屬不得白事，當謝者西曹掾爲〔通〕謝部。〔一〇〕吏二千石初除，詣東曹掾拜部，謁者贊之。

丞相門無塾，門署用梗板，方圓三尺，不堊色，不郭邑，署曰丞相府。東門、西門長史物故，廷尉正、監守。

丞相初置，吏員十五人，皆六百石，分爲東、西曹。案：北堂書鈔設官部引「東西曹掾秩四百石」。東曹九人，出督州爲刺史。西曹六人，其五人往來白事東廂爲侍中，一人留府曰西曹，領百官奏事。長安給騎亭長七十人，六月一更倉頭廬兒。出入大車駟馬，前後大車、駢車，中二千石屬官以次送從。

丞相、太尉、大將軍史，秩四百石。

丞相、刺史常以秋分行部，御史爲駕四封乘傳。到所部，郡國各遣吏一人迎界上，案：漢書武帝紀注引作「各遣一吏，迎之界上」。得載別駕自言受命移郡國，與刺史從事盡界罷。行載從者一人，得從吏所察六條。刺史舉民有茂材，移名丞相，丞相考召，取明經一科，明律令一科，能治劇一科，各一人。詔選諫大夫、議郎、博士、諸侯王傅、僕射、郎中令，取明經。選廷尉正、監、平案章，取明律令。選能治劇長安、三輔令，取治劇。皆試守，小冠，滿歲爲真，以次遷，奉引則大冠。

武帝元狩六年，初置大司馬。

丞相司直、〔二〕案「直」本譌作「置」，今改正。諫大夫秩六百石；丞相少史秩四百石，案：漢書昭帝紀如淳注引「丞相少史」有武帝初置」四字。次三百石、百石。書令史斗食，缺，試中二十書佐高第補，因爲騎史。武帝元狩六年，丞相吏員三百八十二人：史二十人，秩四百石；少史八十人，秩三百石；屬百人，秩二百石；屬史百六十二人，秩百石。皆從同秩補。以爲有權衡之量，不可欺以輕重；有丈尺之度，不可欺以長短。官事至重，古法雖聖猶試，故令丞相設四科之辟，以博選異德名士，稱才量能，不宜者還故官。第一科曰德行高妙，志節清白。二科曰學通行修，經中博士。三科曰明曉法令，足以決疑，能案章覆問，文中御史。四科曰剛毅多略，遭事不惑，明足以照姦，勇足以決斷，才任三輔劇令。案：「劇」字從藝文類聚職官部引補。皆試以能，信然後官之。案：藝文類聚、太平御覽職官部引無「信」字，又「能」上有「其」字。第一科補西曹南閤祭酒，二科補議曹，三科補四辭八奏，四科補賊決。案：藝文類聚引無「賊」字。其以詔使案事御史爲駕一封，行赦令駕二封，皆特自奏事，各以所職劾中二千石以下。選中二十書佐試補令史，令史皆斗食，遷補御史令史。其欲以秩留者，許之。歲舉秀才一人，廉吏六人。

丞相典天下誅討賜奪，吏勞職煩，故吏衆。

君侯月一行屯衞，騎不以車。衞士初至未入，君侯到都門外勞賜吏士。

武帝元封五年，初分十三州，刺史假印綬，有常治所。案：漢書武帝紀注引此在上文「常以秋分行部」上，又作「假刺史印綬」。奏事各有常會，擇所部二千石卒史與從，案：當有「事」字。〔二〕傳食比二千石所傳。刺史奏幽隱奇士，拜爲三輔縣令，比四百石。居後六卿，一切舉試守令，取徵事。

徵事，比六百石。皆故吏二千石不以贓罪免，降秩爲徵事。絳衣奉朝賀。案：注「絳衣奉朝賀」五字，從漢書昭帝紀注引補。

哀帝元壽二年，以丞相爲大司徒。案：以上從續漢志補注引補。郡國守丞案：續漢志補注引無「丞」字。長史上計案：漢書朱買臣傳注引「郡國丞長吏與計吏俱送計」。事竟，遣君侯出坐庭，上案：續漢志補注引作「公出庭上」。親問百姓所疾苦。計室掾吏案：續漢志補注引作「記室掾史」一人大音者讀勅畢，遣勅曰：「詔書殿下，案：「殿」本作「數」，從續漢志補注引改。禁吏無苛暴，丞長史歸告二千石，順民所疾苦，案：「順」本作「凡」，從續漢志補注引改。急去殘賊，審擇良吏，無任苛刻。治獄決訟，務得其中。明詔憂百姓困於衣食，二千石帥勸農桑，思稱厚恩，有以賑贍之，無煩擾奪民時。案：續漢志補注引「擾」作「撓」。公卿以下，務飭儉恪，案：續漢志補注引「公卿」上有「今日」二字，無下文「今俗」二字。今俗奢奓過制度，日以益甚，二千石務以身帥有以化之。民冗食者請諭以法，案：本作「謹以法」，從續漢志補注引改。〔三〕養視疾病，致醫藥務治之。案：「治」本作「活」，從續漢志補注引改。詔書無飾廚傳增養食，案：續漢志補注引作「無飾廚養」。至今未變，或更尤過度，案：續漢志補注引作「又更過度」。甚不稱。歸告二千石，務省約如法。且案不改者，長吏以聞。官寺鄉亭案：「官」本作「守」，從續漢志補注引改。漏敗，垣牆陁壞所治，案：續漢志補注引「所」作「不」。無辨護者，不稱任，案：續漢志補注引「稱」作「勝」。先自劾不應法。歸告二千石勿聽。」十年，更名相國。案：「十年，更名相國」六字，從續漢志補注引補。

惟神爵三年十月甲子，丞相受詔之官，皇帝延登，親詔之案：漢書五行志注引「丞相、御史大夫初拜，皇帝延登親詔」。曰：「君其進，虛受朕言。朕鬱于大道，獲保宗廟，兢兢師師，夙夜思過失，不遑康寧，晝思百官未能綏。於戲丞相，其帥意無怠，以補朕闕。於戲羣卿大夫，百官慎哉！不勗于職，厥有常刑，往悉乃心，和裕開賢，俾之反本乂民，廣風一俗，靡諱朕躬。天下之衆，受制於朕，丞相可不慎歟？於戲！君其誡之。」

丞相府官奴婢傳漏以起居，不擊鼓。官屬吏不朝，旦白録而已。諸吏初除謁視事，問君侯應閤奴名，白事以方尺板叩閤，大呼奴名。君侯出入，諸吏不得見，見禮如師弟子狀。掾史有過，君侯取録，推其録，三日白病去。

御史、衞尉寺在宫中，案：漢書百官公卿表注引漢官儀：「衞尉寺在公門內。」太平御覽職官部引此句，下有胡廣曰：「宫闕寺内衞士，於周垣下爲廬舍，若今之伏宿屋矣。」〔一四〕亦不鼓。

詔書以朱鉤施行。案：「以」本作「下」，從北堂書鈔藝文部引改。〔一五〕詔書下，有違法令，施行之不便，曹史白封還尚書，對不便狀。

丞相有病，案：漢書翟方進傳注引「病」作「疾」，下同。皇帝法駕親至問病，從西門入。即薨，移居第中，車駕往弔，賜棺、斂具，贈錢、葬地。案：翟方進傳注引「賜」、「贈」二字互易。葬日，公卿以下會送。案：翟方進傳注引「會送」作「會葬焉」。

有天地大變，天下大過，皇帝使侍中持節乘四白馬，賜上尊酒十斛，案：「酒」字從漢書翟方進傳如淳注、藝文類聚職官部引補。養牛一頭，策告殃咎。使者去半道，丞相卽上病。使者還，案：「卽」字從翟方進傳注引補。藝文類聚引作「丞相病上」，又「使者」上有「追」字。未白事，尚書以丞相不起病聞。丞相不勝任，使者奉策書，駕驪駱馬，案：藝文類聚職官部引無「驪」字。卽時布衣，步出府，免爲庶人。丞相有他過，使者奉策書，駕騂騩馬，卽時步出府，乘棧車牝馬，案：藝文類聚引「牝」作「牡」。漢書孔光傳注引無「牝馬」二字。歸田里思過。日食，卽日下赦曰制。詔御史，其赦天下自殊死以下。及吏不奉法，乘公就私，淩暴百姓，行權相放，治不平正，處官不良，細民不通，下失其職，俗不孝弟，不務於本，衣服無度，出入無時，衆彊勝寡，盜賊滋彰，丞相以聞。於是乃命刺史出刺并察監御史。元封元年，御史止不復監。後御史職與丞相參增吏員，凡三百四十一人，分爲吏、少史、屬，亦從同秩補，率取文法吏。案：漢書武帝紀如淳注引「御史亦有屬」。廷尉正、監、平物故，以御史高第補之。御史少史行事如御史，少史有所爲，卽少史屬得守御史，行事如少史。少史秩比六百石。御史少史物故，以功次徵丞相〔史〕守御史少史。〔一六〕所代到官視事，得畱罷中二千石詹事、水衡都尉。

丞相史物故，調御史少史守丞相史，若御史少史。監祠寢園廟，調御史少史屬守，不足，丞相少史屬爲倅，事已罷。

丞相、刺史、侍御史，皆稱卿，不得言君。

武帝時，案：三字從北堂書鈔設官部引補。御史中丞督司隸，司隸督司直，司直督刺史二千石以下至墨綬。案：「刺史」二字從太平御覽職官部引補。北堂書鈔引作「御史中丞督司隸，司隸督丞相，丞相督司直，司直督刺史，刺史督二千石下至墨綬」，文與此異。〔一七〕

大夫見孝廉、上計丞、長史，皆於宮司馬門外，案：「於宮」二字本作「放官」，從北堂書鈔設官部引改。比丞相掾史白録。

御史大夫寺在司馬門内，門無塾，門案：太平御覽職官部引無上「門」字。〔一八〕初學記職官部引作「門無扁題」。署用梓板，不起郭邑，題曰御史大夫寺。

大夫初拜，策曰：「惟五鳳三年正月乙巳，御史大夫之官，皇帝延登，親詔之曰：『御史大夫其進，虚受朕言。朕鬱于大道，獲保宗廟，兢兢師師，夙夜思己失，不遑康寧，晝思百姓未能綏。於戲御史大夫，其帥意盡心，以補朕闕。於戲九卿、羣大夫，百官慎哉！不勗于厥職，厥有常辟，往悉乃心，和裕開賢，俾賢能反本乂民，靡諱朕躬。天下之衆，受制於朕，以法爲命，可不慎歟？於戲御史大夫，其誡之。』」

御史大夫案：四字從續漢志補注引補。此條本與上文相連，今從續漢志補注，别爲一條。敕上計丞、長史曰：「詔書殿下，案：「殿」本作「數」，從續漢志補注引改。布告郡國，臣下承宣無狀，多不究，百姓不蒙恩被化，守、丞、長史到郡，與二千石同力，案：「同」字從續漢志補注引補。爲民興利除害，務有以安之，稱詔書。郡國有茂才不顯者言上，案：「有」字本在「郡國」上，從續漢志補注引改。殘民貪污煩擾之吏，百姓所苦，務勿任用。方察不稱者，案：「者」下本有「也」字。又無下文一段，從續漢志補注引删改。刑罰務於得中，惡惡止其身。選舉民侈過度，務有以化之。問今歲善惡孰與往年，對上。問今年盜賊孰與往年，得無有羣輩大賊，對上。」

校勘記

〔一〕孔本書鈔卷一三一、影宋本御覽卷六八二引皆有「玉」字，孫氏删之，非。

〔二〕此引從御覽卷六八二，非。當依書鈔卷一三一引作「自秦以來」。

〔三〕據通典卷二四、御覽卷二二七補「四人」二字。四庫館臣輯漢官舊儀即作「四人持書給事」。

〔四〕續漢百官志補注引蔡質漢儀作「主封門」，通典卷二二同。

〔五〕此出處當作廣韵卷三上平聲三十四果注。

〔六〕諸本續漢百官志補注均作「拜名」，孫案非，且斷句亦誤。

〔七〕諸本續漢志補注均作「印爲章」，孫案非。又「也」字見通典禮部，非出於職官部。

〔八〕影宋本御覽卷二〇四作「兩黑幡」，與類聚同。

〔九〕類聚卷四五、御覽卷二〇四均作「弋絳」，孫案非。

〔一〇〕據四庫館臣輯本補「通」字。

〔一一〕司直秩比二千石，不當與諫大夫同列，原引不誤。

〔一二〕漢書王尊傳如淳注引有「事」字。

〔一三〕唯點校本續漢志補注作「謹」，與永樂大典同。

〔一四〕漢書百官公卿表注所引乃漢舊儀，無「宮」下「門」字。孫氏言出漢官儀，乃涉百官公卿表旁注而誤。又師古注曰「胡廣云主宮闕之門内衞士，於周垣下爲區廬。區廬者，若今之杖宿屋矣」，較御覽之引更詳確。又影宋本御覽卷二二九「宮」作「京」，引胡廣注則「寺」作「之」，「舍」作「者」，亦與孫案異。

〔一五〕孔本書鈔卷一〇三仍引作「下」。

〔一六〕據四庫館臣輯本補「史」字。

〔一七〕孔本書鈔卷六二與四庫館臣輯本同。孫案乃沿陳本之訛。

〔一八〕影宋本御覽卷二二五引有上「門」字。

漢舊儀卷下

漢議郎衛宏撰
清孫星衍校

中宮及號位

皇后稱中宮。

婕妤見，大長秋稱「皇后爲婕妤下輿」，坐稱「起」，禮比丞相。娙娥見，女御長稱「謝」，案：漢書戾太子傳如淳注引作「皇后見娙娥以下，長御稱謝」。禮比將軍、御史大夫。案：史記外戚世家索隱引作「娙娥秩比將軍、御史大夫」。昭儀見，稱「謝」，比中二千石。貴人見，稱「皇后詔曰可」，禮比二千石。美人無數。婕妤以下皆居掖庭，置令、丞、廬監，宦者。女御長如侍中。案：漢書外戚傳晉灼注引作「有女長御，比侍中（官）」。〔一〕戾太子傳注引作「女長御比侍中」，在「皇后見娙娥」上。

皇后一人。婕妤以至貴人，皆至十數。美人比待詔，無數，元帝、成帝皆至千人。〔二〕

侍中左右近臣見皇后，如見帝。見婕妤，案：「帝見」二字從藝文類聚職官部、太平御覽職官部引補。北堂書鈔設官部、初學記職官部引無「見」字。〔三〕行則對壁，坐則伏茵。案：北堂書鈔引作「守茵」。〔四〕皇后、婕妤乘輦，餘皆以茵，四人輿以行。案：藝文類聚后妃部引，與下二條相連。

皇后玉璽，文與帝同。皇后玉璽，金螭虎紐。一本無此條。案：下「玉璽」本作「之璽」，從初學記中宮部引改。太平御覽皇親部引「虎紐」作「武紐」。〔五〕注疑後人所加。

皇后春桑，皆衣青，手采桑，以繅三盆繭，案：「盆」字本作「瓮」，從藝文類聚后妃部引改。示羣臣妾從。案：「示」字從藝文類聚引補。春桑生而皇后親桑，於苑中蠶室，養蠶千薄以上。案：藝文類聚引「薄」作「箔」。祠以中牢羊豕，祭蠶神曰苑窳婦人、寓氏公主，凡二神。羣臣妾從桑還，獻於繭觀，案：藝文類聚引作「獻繭於館」。太平御覽布帛部引作「皇后親蠶，〔還〕獻繭」。〔六〕皆賜從采桑者樂。皇后自行。凡蠶絲絮，織室以作祭服。案：太平御覽服用部、布帛部引俱無「以」字。祭服者，冕服也。天地宗廟羣神五時之服。皇帝得以作縷縫衣，皇后得以作巾絮而已。案：「后」下「得」字，太平御覽布帛部引作「間」，「巾絮」服用部引作「絮巾」。置蠶官令、丞，案：文選報任少卿書注引作「蠶室，置蠶官也」。〔七〕諸天下官下法皆詣蠶室，案：後漢書陳忠傳注引「少府若盧〔獄〕有蠶室」，疑此注文。〔八〕與婦人從事，故舊有東西織室作治。

皇后五日一上食，食賜上左右酒肉，畱宿，明日平旦歸中宮。

皇帝聘皇后，黄金萬斤。案：北堂書鈔禮儀部引作「以金萬斤」。

立皇后、太子，大赦天下，賜天下男子爵，女子牛酒繒帛，夫增秩●

掖庭令晝漏未盡八刻，廬監以茵次上婕妤以下至後庭，訪白録所録，所推當御見。刻盡，去簪珥，蒙被入禁中，五刻罷，即畱。女御長入，扶以出。御幸賜銀鐶，案：太平御覽服用部引作「宫人御幸賜銀環」。北堂書鈔儀飾部引「環」上有「指」字。令書得環數，計月日無子，罷廢不得復御。

宫人擇官婢年八歲以上，〔九〕侍皇后以下，年三十五出嫁。乳母取官婢。

皇太子稱家，動作稱從。

皇太子黄金印，龜紐，印文曰章，下至二百石，皆爲通官印。

太傅一人，真二千石，禮如師。亡新更爲太子師，中庶子五人，職如侍中，秩六百石。

中尚翼中涓，如中黄門，案：史記高祖功臣侯者年表集解引作「天子有中涓，如黄門」。皆宦者。

門大夫比郎將。

洗馬職如謁者，十六人，選郎中補也。

庶子舍人，四百人，如郎中，秩比二百石，無員，多至四百人。案：與續漢志不合。又補注「太子舍人引漢官曰「十三人」，此當有譌。亡新改名爲翼子。

率更令，秩千石，主庶子、舍人更直。亡新改爲中更。丞一人，秩四百石。

家令，秩千石，主倉獄。亡新改爲中更。

家府比二千石。

僕，秩千石，主馬。

庶子，秩比四百石，如中郎，無員。亡新改爲中翼子。

衞率，秩比千石。案：漢官百官公卿表如淳注引作「衞率主門衞，秩千石」。丞一人，主門衞。

食官令，秩六百石。丞一人。

中盾，秩四百石，主周衞徼循。案：漢書敍傳注引作「主徼巡宮中」。

庶子、舍人五日一移，主率更長〔三〕不會輒斥。〔一○〕官奴擇給書計，案：漢書鮑宣傳臣瓚注引無「擇」字。從侍中以下爲倉頭，案：鮑宣傳注引「以」作「已」，「倉」作「蒼」。青幘，與百官從事從入殿中。省中待使令者，皆官婢，擇年八歲以上衣綠曰宦人，案：「宦人」當作「宮人」。外戚傳注引「宮人者，省中侍使官婢，名曰宮人，非天子掖庭中也」。疑此注文。不得出省門。置都監。老者曰婢，婢教宦人給使尚書。侍中皆使官婢，不得使宦人。奴婢欲自贖，錢千萬，免爲庶人。宮殿中宦者署、郎署，皆官奴婢。傳言曰作者，歌傳以呼召侍中以下署長。宦者及郎署長各顧門户，擇官奴赤幘，部領作者，掃除曰正。歌傳取於雒陽，古周時傳呼聲法。

天子六廄，未央廄、承華廄、騊駼廄、路軨廄、案：漢書百官公卿表注引作「輅軨」，在「騎馬」下，又引皆無「廄」字。騎馬廄、大廄，馬皆萬匹。

中黃門騶馬犬宛馬、案：「馬」字從文選赭白馬賦注引補。汗血馬、乾河馬、天馬、果下馬。果下馬，高三尺，駕輦。大宛、汗血馬皆高七尺。乾河馬，華山神馬種也。

長安城方六十里，案：史記呂太后本紀索隱、續漢志補注引皆作「方六十三里」。又史記高祖本紀索隱引「高祖六年，更名咸陽曰長安」，疑此注文。經緯各十五里，案：續漢志補注引「各」下有「長」字。十二城門，積九百七十三頃，百二十亭。案：三輔黄圖一引作「長安城中，經緯各長三十二里十八步，地九百七十三頃，八街九陌，三宮九府，三廟，十二門，九市，十六橋。地皆黑壤」。〔二〕文與此異。長安城方六十里，中皆屬長安令。案：續漢志補注引無「方六十里」四字。置左、右尉。城東、城南置廣部尉，城西、城北置明部尉，凡四尉。

皇后、太子案：初學記中宫部引作「皇后、太后」。各食四十縣，案：初學記、藝文類聚后妃部、太平御覽皇親部兩引俱作「三十縣」。曰湯沐邑。

帝子爲王。王國置太傅、相、中尉各一人，秩二千石，以輔王。僕一人，秩千石。郎中令，秩六百石，置官如漢官官吏。郎、大夫四百石以下自調除。國中漢置内史一人，秩二千石，治國如郡太守、都尉職事，調除吏屬。相、中尉、傅不得與國政，輔王而已。當有爲，移書告内史。内史見傅、相、中尉，禮如都尉。太守、〔三〕相置長史，中尉及内史令置丞一人，案：「令」當作「各」。皆六百石。成帝時，大司空何武奏罷内史，相如太守，中尉如都尉，參職。是後相、中尉爭權，與王遞相奏，常不和。案：續漢志補注引作「是後中尉爭權，與王相奏，常不和」。

王子爲侯。案：四字從漢書武帝紀如淳注、文選六代論注引并爲一條。侯、王歲以户口酎黄金，獻于漢廟，案：武帝紀注、文選注、三輔黄圖五引無「獻」字。皇帝臨受獻金以助祭。大祠曰飲酎，案：三輔黄圖引注云：「因八月嘗酎，會諸侯廟中，出金助祭，謂之酎金。」飲酎受金，小不如斤兩，色惡，王奪户，案：武帝紀注、文選注,三輔黄圖引作「王削縣」。侯免國。

漢承秦郡,置太守,治民斷獄。都尉治獄,都尉治盜賊甲卒兵馬。民年二十三爲正,一歲而以爲衞士,案:漢書高帝紀如淳注引無「而以」二字。一歲爲材官騎士,習射御騎馳戰陣。八月,太守、都尉、令、長、相、丞、尉會都試,課殿最。水處爲樓船,亦習戰射行船。案:通典職官引無「行船」二字。

邊郡太守各將萬騎,行障塞烽火追虜。置長史一人,掌兵馬。丞一人,治民。當兵行,長史領。置部都尉、千人、司馬、候、農都尉,皆不治民,不給衞士。材官、樓船年五十六老衰,乃得免爲庶民,案:「庶」字從漢書高帝紀如淳注引補。又「老衰」作「衰老」。就田里。民應令選爲亭長。亭長課射,游徼徼循。尉、游徼、亭長,皆習設備五兵。五兵:弓弩,戟,盾,刀劍,甲鎧。案:北堂書鈔設官部引作「五兵,言弩,戟,刀,鉤,鎧也」。〔一三〕鼓武吏案:續漢志補注引漢官儀「鼓」下無「武」字。赤幘大冠,行縢,帶劍佩刀,持盾被甲,設矛戟,習射。

設十里一亭,亭長、亭候;五里一郵,郵閒案:史記留侯世家索隱引作「郵人居閒」。相去二里半,司姦盜。亭長持三尺板以劾賊,索繩以收執盜。

舊制尉皆居官署,有尉曹官中領平鎖署。

更令吏曰令史，丞吏曰丞史，案：漢書陳涉傳晉灼注引兩「吏」字俱作「史」。尉吏曰尉史，捕盜賊得捕格。

縣户口滿萬，置六百石令，多者千石。户口不滿萬，置四百石、三百石長。大縣兩尉，小縣一尉，丞一人。三百石丞、縣長黄綬，皆大冠。亡新命長爲宰，皆小冠，號曰夫子。亡新時有五百石，八百石。府下置詔獄。府，河南府也。鄧展曰：舊洛陽有兩獄。案：注引鄧展，非本文。

建始二年，益三河及大郡太守秩。十二萬户以上爲大郡太守，小郡守遷補大郡。

元朔三年，以上郡、西河爲萬騎太守，月奉二萬。綏和元年，省大郡萬騎員，秩以二千石居。

舊制：令六百石以上，尚書調；拜遷四百石長相至二百石，丞相調；除中都官百石，大鴻臚調；郡國百石，二千石調。哀帝時長相皆黑綬。亡新吏黑綬，有罪先請，與廉吏同。

内郡爲縣，三邊爲道，皇后、太子、公主所食爲邑。

算民，案：後漢書皇后紀注引「八月初爲算賦，故曰算民」。疑此注文。年七歲以至十四歲出口錢，人二十三。二十錢，以食天子。案：「二十錢」三字從漢書昭帝紀如淳注引補。高帝紀如淳注、後漢書光武紀注引作「出口錢，人二十，以供天子」。〔四〕其三錢者，武帝加口錢，以補車騎馬。案：高帝紀注、光武紀注引作「至武帝時，又口加三錢，以補車騎馬」。舊本「馬」下本有「逋稅」二字，是後人因光武紀注誤加，今删。又令民男女年十五以上至五十六出賦錢，案：「出」字從高帝紀如淳注、光武紀注引補。人百二十爲一算，以給車馬。案：

高帝紀如淳注引爲「治庫兵車馬」。民田租芻稾，案：「租」本作「積」，從文選天監三年策秀才文注引改。以給經用，備凶年。山澤魚鹽市税，以給私用。

漢舊制，天下郡國凡百六，邑侯國凡千八百。上林苑中昆明池、鎬池、牟首諸池，取魚鼈，給祠祀。用魚鼈千枚以上，餘給太官。案：「上林苑」以下，當别爲一條。

上林苑中，廣長三百里，置令、丞、左右尉。案：「廣長」以下十一字，從太平御覽居處部引補。初學記居處部引「尉」上有「中部」二字。三輔黄圖四引作「有令有尉，禽獸簿記其名數」。百五十亭苑，案：此句從初學記引補。苑中養百獸。案：「苑中」二字從三輔黄圖引補。〔二五〕又「養」上本有「以」字，從兩書引删。禽鹿嘗祭祠祀，賓客用鹿千枚，麕兔無數。佽飛具繒繳案：漢書元帝紀如淳注引「繒」作「矰」。以射鳧鴈，應給祭祀置酒，每射收得萬頭以上，給太官。

上林苑中，天子遇秋冬射獵，案：「遇」字從太平御覽居處部引補。又引下有「苑中」二字。取禽獸無數實其中。離宫觀七十所，案：太平御覽、白帖三十八引無「觀」字。皆容千乘萬騎。

武帝時，使上林苑中官奴婢，及天下貧民貲不滿五千案：太平御覽居處部引「五千」作「五十萬」。徙置苑中養鹿。因收撫鹿矢，人日五錢，到元帝時七十億萬，以給軍擊西域。

古者諸侯治民。周以上千八百諸侯，其長伯爲君，次仲、叔、季爲卿大夫，支屬案：本此下有「爲庶于，皆世官位。至秦始皇帝滅諸侯爲郡縣，不世官，守、相、令、長以他姓相代，去世卿大夫支屬」共三十七字，複衍也，今删。〔一六〕爲士、庶子，皆世官位。至秦始皇帝滅諸侯爲郡縣，不世官，守、相、令、長以他姓相代，案：本無「長」字，從上復出者添。去世卿大夫士。

漢承秦爵二十等，以賜天下。爵者，禄位也。

公士，一爵。賜一級爲公士，謂爲國君列士也。

上造，二爵。賜爵二級爲上造，上造乘兵車也。

簪褭，三爵。賜爵三級爲簪褭。

不更，四爵。賜爵四級爲不更，不更主一車四馬。

大夫，五爵。賜五級爲大夫，大夫主一車，屬三十六人。

官大夫，六爵。賜爵六級爲官大夫，官大夫領車馬。案：北堂書鈔設官部引「領」下有「他」字。

公大夫，七爵。賜爵七級爲公大夫，公大夫領行伍兵。

公乘，八爵。賜爵八級爲公乘，與國君同車。

五大夫，九爵。賜爵九級爲五大夫。以上次年德者案：「者」字從北堂書鈔設官部引補。爲官長將率。秦制爵等，生以爲禄位，死以爲號謚。

左庶長，十爵。

右庶長，十一爵。

左更，十二爵。

中更，十三爵。

右更，十四爵。

少上造，十五爵。

大上造，十六爵。

駟車庶長，十七爵。

大庶長，十八爵。

侯，十九爵。案：漢書百官公卿表十九「關內侯」。

列侯，二十爵。

秦制二十爵。男子賜爵一級以上，有罪以減，年五十六免。無爵爲士伍，年六十乃免者，案：本作「老」，今改。有罪，各盡其刑。凡有罪，男髡鉗爲城旦，城旦者，治城也；女爲舂，舂者，治米也，皆作五歲。完四歲，鬼薪三歲。鬼薪者，男當爲祠祀鬼神，伐山之薪蒸也；女爲白粲者，以爲祠祀擇米也，皆作三歲。罪爲司寇，司寇男備守，女爲作，如司寇，皆作二歲。男爲戍罰作，女爲復作，皆一歲到三月。案：此下疑有脱譌。令曰：秦時爵大夫以上，令與亢禮。

五人爲伍，伍長一人。十人爲什，什長一人。百人爲卒，卒史一人。五百人爲旅，旅帥一人。二千五百人爲師，師帥一人。萬二千五百人爲軍，軍將一人。以上卿爲將軍。九夫爲井，四井爲邑，四邑爲邱，四邱爲乘。乘則具車一乘，四馬，步卒三十六人。千乘之國，馬四千四，步卒三萬六千人，爲三軍，大國也。次國二軍，小國一軍。

校勘記

〔一〕據漢書外戚傳晉灼注删「宦」字。原注「宦」作「宫」，屬下讀，句作「宫長豈此邪」。

〔二〕四庫舘臣輯本作「皆且千人」。

〔三〕孔本書鈔卷五八、中華書局排印本初學記卷一二「婕妤」上均有「見」字。

〔四〕孔本書鈔卷五八作「伏茵」。

〔五〕影宋本御覽卷一三五仍作「虎紐」。

〔六〕影宋本御覽卷八一九「獻」上有「還」字，據補。

〔七〕胡刻本文選注引作「衞宏漢儀以爲置蠶宫，今承諸法云」。

〔八〕據後漢書陳忠傳注「若盧」下補「獄」字。

〔九〕「官婢」原作「宫婢」，據四庫舘臣輯本改。漢書外戚傳注師曰：「宫人者，省中侍使官婢，名曰宫人。事見漢舊儀。」亦可爲證。

〔一〇〕據四庫館臣輯本補「三」字。

〔一一〕「地皆黑壤」四字係三輔黄圖之文，與漢舊儀無涉，孫氏引誤。

〔一二〕「太守」係「太傅」之誤。說見四庫館臣輯本按語。

〔一三〕孔本書鈔卷七九作「五兵言弩，盾，刀，鉤，鐙也」。

〔一四〕漢書高帝紀如淳注僅引下文「又令」至「以給車馬」二十八字，未及孫案所引十字。下案亦然。

〔一五〕三輔黄圖所引與「上林詔獄」相聯繫，與此引多異。補「苑中」二字，當依御覽卷一九六。

〔一六〕浙江書局本漢舊儀未衍此三十七字，孫氏所據本誤。下案亦同。

漢舊儀補遺卷上

漢議郎衛宏撰

清孫星衍校集

太尉、司徒長史，秩比二千石，號爲「毗佐三台，助鼎和味」。其遷也，多據卿校也。北堂書鈔設官部、文選潘安仁金谷集作詩注〔一〕

公府掾試博士者，拜郎中也。〔二〕北堂書鈔設官部

或曰漢初掾史辟，皆上言，故有秩皆比命士。其所不言，則爲百石屬。其後皆自辟，故通爲百石云。太平御覽職官部

御史中丞，兩梁冠，秩千石。內掌蘭臺，〔外〕督諸州刺史，〔三〕糾察百寮。北堂書鈔設官部

御史中丞朝會獨坐。出討姦猾，內與尚書令、司隸校尉會同，皆專席，京師號之〔曰〕「三獨坐」者也。〔四〕北堂書鈔設官部

侍御史，周官也。始皇滅楚，以其君冠賜御史。漢興襲秦，因而不改。掌注言行，糾諸不法。府掾屬高第補之。秩六百石，員五十人。北堂書鈔設官部　案：當依續漢志作「十五人」。

惠帝三年，相國奏遣御史監三輔郡，察辭詔凡九條。監者二歲更，常以中月奏事也。北堂書鈔設官部

太常卿贊饗一人，〔五〕秩六百石，掌贊天子。史記封禪書索隱、續漢志補注

太常主導贊助祭，皆平冕七旒，玄上纁下，華蟲七章。漢陵屬三輔，太常月一行。太平御覽職官部

丞舉廟中非法者。續漢志補注

廟祭，太祝令主席酒。續漢志補注

大宰令屠者七十二人，宰二百人。漢書宣帝紀注

太史令冠一梁，秩六百石。丞二人，三百石。北堂書鈔設官部

太史令凡歲將終，奏新年歷。凡國祭祀喪娶之事，掌奏良日及時節禁忌。北堂書鈔設官部

太史公，武帝置，位在丞相上。天下計書先上太史公，副上丞相，序事如古春秋。司馬遷死後，宣帝以其官爲令，行太史〔公〕文書而已。〔六〕漢書司馬遷傳如淳注

承周史官，至武帝置太史公。司馬遷父談爲太史。〔七〕遷年十三，乘傳行至天下，〔八〕求古諸侯之史記。太平御覽職官部

博士，秦官。博者，通于古今；〔士者〕辯于然否。〔九〕北堂書鈔設官部

孝文皇帝時，博士七十餘人，朝服玄端，章甫冠。藝文類聚職官部、太平御覽職官部

武帝初置博士，取學通行修，博學多藝，曉古文爾雅，能屬文章者爲高第。朝賀位次中郎官史。〔一〇〕稱先生，不得言君，其真弟子稱門人。北堂書鈔設官部、藝文類聚職官部、太平御覽職官部

博士祭酒，選有道之人習學者祭酒。〔一一〕國子，卿大夫之子弟。北堂書鈔設官部

太常博士弟子試射策，中甲科補郎，中乙科補掌故。史記鼂錯列傳索隱

光禄大夫，秩比二千石，不言屬光禄勳。光禄勳門外特施行馬，以旌別之。太平御覽職官部

案：藝文類聚職官部、白帖七十五引作「漢官儀」。〔一二〕

三署郎見光禄勳，執板拜；若見五官、左右將，執板不拜；於三公、諸卿，無敬。通典職官

有二郎爲此頌貌威儀事。有徐氏，徐氏後有張氏，不知經，但能盤辟爲禮容。天下郡國有容史，皆詣魯學之。漢書儒林傳蘇林注

謁者缺，選郎中（令）美鬚（眉）大音者以補之。〔一三〕功次當遷，欲留增秩者，許之。北堂書鈔職官部、唐六典九、通典職官

孝武太初初置羽林，象天有羽林星，爲國之羽翼，如林之盛也。北堂書鈔設官部

羽林郎，選良家子弟（便）弓馬者爲之。〔一四〕一名巖郎，言其禦侮巖除之下，或謂嚴厲素慤。北堂書鈔設官部

未央廄主理大廄三署，案，北堂書鈔引作「主治獄五署郎」。〔一五〕屬太僕。北堂書鈔設官部、〔一六〕初學記政理部

太僕牧師諸苑三十六所，分布北邊、西邊。以郎爲苑監，官奴婢三萬人，分養馬三十萬頭，〔一七〕擇取教習給六廄，牛羊無數，以給犧牲。漢書景帝紀如淳注、後漢書和帝紀注、〔一八〕三輔黃圖四、唐六典十七、藝文類聚職官部、太平御覽職官部

別火，獄令官，主治改火之事。漢書百官公卿表如淳注

郡邸獄，治天下郡國上計者，屬大鴻臚。漢書宣帝紀注、太平御覽刑法部

司空詔獄，治列侯、二千石，屬宗正。北堂書鈔設官部〔一九〕

漢制：八座丞、郎初拜，並集都（座）交禮，遷又解交。〔二〇〕太平御覽職官部

高后選孝廉爲郎。吏二千石以上，視事滿三年，得任同產若子一人爲郎。漢書哀帝紀應劭注、北堂書鈔設官部

符節令，領尚書符璽郎四人。北堂書鈔設官部

太官令一人，秩六百石，掌鼎俎饌具。世祖中興，以孝廉年滿五十守宮令，與謁者失職權者與之。〔三一〕北堂書鈔設官部

尚書陳忠奏太官宜著兩梁冠。〔三二〕北堂書鈔設官部

太官主飲酒，〔三三〕皆令、丞治。太官湯官奴婢各三千人，置酒，〔三四〕皆緹褠蔽膝緑幘。北堂書鈔設官部、太平御覽職官部、布帛部

獄二十六所，導官無獄。漢書張湯傳蘇林注

若盧獄令，主治庫兵、將相大臣。漢書百官公卿表如淳注、王吉傳注、後漢書和帝紀注　案：後漢書注引作「主鞠將相大臣」。

若盧右丞，〔三五〕主治庫兵者。漢書王吉傳注

中書令，〔三六〕領贊尚書，出入奏事，秩千石。唐六典九

中書掌詔誥荅表，皆機密之事。〔三七〕北堂書鈔設官部

掖庭詔獄令丞，宦者爲之，主理婦人女官也。漢書劉輔傳注

執金吾車駕出，從六百騎，走六千二百人。北堂書鈔設官部

中壘校尉主北軍壘門内，尉一人主上書者獄。上章於公車，有不如法者，以付北軍尉，北軍

尉以法治之。漢書劉向傳如淳注

寺互。都船獄令，主治水官也。〔二八〕漢書百官公卿表如淳注

太子家獄，治太子官屬、太子太傅。北堂書鈔設官部〔二九〕

將作大匠改作少府，案：「改」當作「將」。續漢志云：「承秦，曰將作少府。」景帝中六年更名也。藝文類聚職官部

省中有五尚，即尚食、尚冠、尚衣、尚帳、尚席。通典職官　案：省中五尚不見於百官公卿表，疑屬大長秋。

上林詔獄主治苑中禽獸宮館事，屬水衡。漢書成帝紀注

長安中諸官獄三十六所。漢書宣帝紀注

東市獄屬京兆尹，西市獄屬左馮翊。北堂書鈔刑法部、太平御覽刑法部

司隸校尉，武帝初置。後諸侯王貴戚不服，乃以中都中官徒奴千二百人屬爲一校尉部刺史，督二千石也。北堂書鈔設官部

司隸校尉統皇太子、三公以下，〔及〕旁州郡，〔三〇〕無所不統也。北堂書鈔設官部

司隸校尉初置，唯蓋寬饒、王章、鮑宣，貴戚憚之，京師政清。北堂書鈔設官部〔三一〕

司隸治所，故孝武廟。續漢志補注

駙馬都尉，掌騎從，武帝置，秩比二千石。太平御覽皇親部

持節夾乘輿車騎從者，云常侍騎。史記爰盎列傳索隱

諸給事中日上朝謁，〔三二〕平尚書奏事，分爲左右曹。以有事殿中，故曰給事中。多名儒、國親爲之，掌左右顧問。漢書百官公卿表晉灼注、通典職官、初學記職官部、太平御覽職官部

吏四百石以下，自除國中。漢書衡山王傳如淳注

刺史得擇所部二千石卒史與從事。漢書王尊傳注

武帝元年，令郡國舉孝廉各一人，詣御史舉試，拜爲郎中。北堂書鈔設官部

大縣二人，其尉將屯九百人。史記陳涉世家索隱

諸侯王印，黄金槖駝紐，〔三三〕文曰璽，謂刻曰某王之璽。赤地綬。列侯黄金印，龜紐，文曰印。謂刻曰某侯之印。丞相、大將軍案：初學記引無「大」字黄金印，龜紐，文曰章。謂刻曰某官之章。御史大夫章。匈奴單于黄金印，槖駝紐，文曰章。御史、案：初學記引無「御史大夫」以下。二千石案：初學記引「二」上有「中」字。銀印，龜紐，文曰章。千石、六百石、四百石銅印，鼻紐，文曰印。謂紐但作鼻，不爲蟲獸之形，而刻曰某官之印。章，二百石以上，〔三四〕皆爲通官印。漢書百官公卿表注、北堂書鈔儀飾部、初學記服食部、文選王仲宣誄注、通典職官、白帖十三、太平御覽儀式部　案：漢書注、通典引注本作正文，今改正。

郡國銅虎符三，竹使符五。後漢書宦者傳論注、〔三五〕文選鮑明遠擬古詩注

校勘記

〔一〕按文選潘安仁金谷集作詩注引作漢官儀之文，與御覽卷二〇九引同。孫氏既以據御覽所引入漢官儀，不當于此出處中復注文選注。

〔二〕孔本書鈔卷五六引作漢官儀之文，孫氏既據以引入所輯漢官儀上卷，不當于此復出。

〔三〕據俞安期唐類函補「外」字。又孔本書鈔卷六二引無「内掌」以下九字。

〔四〕據書鈔卷六二引補「曰」字。

〔五〕「太常卿」三字，孫氏所補，依例當作小字。

〔六〕據漢書司馬遷傳如淳注補「公」字。

〔七〕影宋本御覽卷二三五「談」下有「世」字。

〔八〕影宋本御覽卷二三五「乘傳」上有「使」字，「行」下無「至」字。

〔九〕據孔本書鈔卷六七補「士者」二字。又類聚卷四六引作漢官儀之文。

〔一〇〕類聚卷四六引作「中都官史」，御覽卷一三六則作「中都官吏」。

〔一一〕「習學者」原作「有學者」，據書鈔卷六七改。

〔一二〕影宋本御覽卷二四三此引亦作漢官儀，孫氏所據本誤。

〔一三〕據唐六典卷九、通典卷二一引删「令」字。又書鈔卷六二、唐六典卷九、通典卷二一均有「眉」字，據補。

〔一四〕據孔本書鈔卷六三補「便」字。通典卷二八亦作「便弓馬者」。

〔一五〕孔本書鈔卷四五引作「主治廐五署郎」，「獄」字在前引「未央廐」下。又初學記卷二〇亦作「未央廐獄」。

〔一六〕「設官部」係「刑法部」之譌。

〔一七〕漢書景帝紀注、三輔黄圖卷四「頭」均作「匹」。孫輯此引皆本唐六典卷一七。

〔一八〕後漢書和帝紀注引作漢官儀。

〔一九〕「設官部」係「刑法部」之誤。

〔二〇〕據御覽卷二一三補「庖」字。又其引乃漢官儀之文，孫氏既已輯入漢官儀，于此不當復出。

〔二一〕孔本書鈔卷五五「以」下有「新平」二字。此引文句怪譎，疑有脱誤。

〔二二〕孔本書鈔卷五五「太官」下有「令」字。

〔二三〕影宋本御覽卷二三〇作「主飯肉，湯官酒」，且爲小注。續漢志亦曰「湯官丞主酒」。孫輯引有誤。

〔二四〕御覽卷二二九作「大置酒」，又卷八一六作「大置酒日」。

〔二五〕此四字孫氏所補，依例當作小注。

〔二六〕此三字亦當作小注。

〔二七〕孔本書鈔卷五七首引有「尚書令并掌詔奏，既置」九字。

〔二八〕漢書百官公卿表如淳注引漢儀注僅「寺互」二字，餘皆如淳之語。

〔二九〕「設官部」乃「刑法部」之誤。

〔三〇〕據孔本書鈔卷六一補「及」字。又孔本作漢官儀之文。

〔三一〕孔本書鈔卷六一引作漢官儀。

〔三二〕漢書百官公卿表注、通典卷二一「諸」下均引有「吏」字。

〔三三〕漢書百官公卿表注、通典卷三一皆作「諸侯王黃金璽」。又續漢志補注引東觀書亦作「復設諸侯王金璽綟綬」。據疑此引「黃金」當在「印」上，且「印」亦當作「璽」。

〔三四〕漢書百官公卿表注「二百石以上」引在「銅印」之上，且有「至」字與「四百石」三字相啣接。又孔本書鈔卷一三一「四百石」作「三百石」，無「章二百石」以下。

〔三五〕此引實出文選范蔚宗宦者傳論注，其引「郡國」作「郡分」。

漢舊儀補遺卷下

漢議郎衞宏撰
清孫星衍校集

晝漏盡，夜漏起，宮中衞宮，城門擊刁斗，周廬擊木柝。文選新刻漏銘注、陽給事誄注

夜漏起宮中，宮城門擊柝，〔一〕繫刁斗，傳五夜，百官徼，直符案：文選注引作「傳五伯官直符」。行，

衞士周廬擊木柝，傳呼備火。〔二〕北堂書鈔武功部、儀式部、文選新刻漏銘注

五夜：甲、乙、丙、丁、戊夜。案：初學記器物部引「五夜：甲夜、乙夜、丙夜、丁夜、戊夜」。及相傳救守火帥內户外，〔三〕數五止。北堂書鈔儀飾部

夜漏起，中黄門持五夜，相傳授。文選新刻漏銘注

立夏、立秋晝六十二刻，夏至晝六十五刻。夜漏不盡五刻，擊五鼓；夜漏不盡三刻，擊三鼓。初學記器物部

冬至晝四十一刻，後九日加一刻，至立春晝四十六刻，夜五十四刻。〔四〕北堂書鈔儀飾部

漢制：天地以下，羣臣所祭凡一千五百四十。新益爲萬五千四十。案：「新」上疑脱「亡」字。漢法：三歲一祭天于雲陽宮甘泉壇，以冬至日祭天，天神下。三歲一祭地于河東汾陰后土宮，以夏至日祭地，地神出。五帝祭于雍〔五〕時。〔五〕藝文類聚禮部、太平御覽禮儀部

元年祭天，二年祭地，三年祭五帝于五時。三歲一徧，皇帝自行，他祠不出。史記封禪書索隱、太平御覽禮儀部

祭天地五（祀）〔時〕，〔六〕皇帝不自行，祠還致福。漢書賈誼傳應劭注

皇帝案：藝文類聚引「皇帝」作「桓帝」，字譌，下同。祭天，居雲陽宮，齋百日，上甘泉通天臺，高三十丈，以候天神之下，見如流火。舞女童三百人，皆年八歲。天神下壇所，舉烽火。皇帝就竹宮

中，不至壇所。案：漢書禮樂志注引「竹宮去壇三里」，疑此注文。甘泉臺去長安三百里，望見長安城，案：太平寰宇記三十一引作「甘泉宮」。皇帝所以祭天之圓丘也。〔七〕藝文類聚禮部、太平御覽禮儀部　案：太平寰宇記引作「黄帝以來，圜丘祭天處」。藝文類聚又引作「成帝」。

通天臺高三十丈，望雲雨悉在其下，去長安三百里，望見長安城。案：史記孝武帝本紀索隱、漢書武帝紀注、郊祀志注、文選籍田賦注引同。〔八〕武帝祭天，上通天臺。舞八歲童女三百人，置祠具，招仙人。祭天已，令人升通天臺，以候天仙。天神既下祭所，若大流星，乃舉烽火，而就竹宮望拜。太平寰宇記三十

武帝於甘泉宮更置前殿，始廣諸宮室。有芝生甘泉殿邊房中。太平寰宇記三十一

芝有九莖，金色，〔九〕緑葉朱實，夜有光，乃作芝房之歌。三輔黄圖二、太平寰宇記三十一

通天臺上有承露〔盤〕，〔一〇〕仙人掌擎玉杯，〔以〕承雲表之露。〔一一〕元鳳閒，臺自毁，椽桷皆化爲龍鳳，隨風雨飛去。太平寰宇記三十一

皇帝祭天自行，羣臣從之，齋皆百日，他祠不出。祭天紫壇幄帳。〔一二〕案：續漢志補注引作「幄帷」。高皇帝配天，居堂下西嚮，紺幄，〔一三〕紺席。續漢志補注、北堂書鈔禮儀部、服飾部、初學記禮部、藝文類聚禮部、服飾部、太平御覽禮儀部、服用部

祭天，用六綵綺席六重，〔一四〕長一丈，中一幅，四周緣之。玉几、玉飾器，凡七千三百物備

具。〔一五〕養牛五歲，至三千斤。史記封禪書正義、〔一六〕漢書郊祀志注、續漢志補注、北堂書鈔禮儀部、服飾部、文類聚禮部、太平御覽禮儀部、珍寶部、服用部、布帛部

大祀，齋五日。小祀，齋三日。〔一七〕北堂書鈔禮儀部

齋則食丈二尺旋案，陳三十六肉，九穀飯。北堂書鈔酒食部、初學記器物部、太平御覽服用部　案：太平御覽引作「九穀飲食」。

齋法：食肉三十六兩。太平御覽飲食部

凡齋，紺幘；耕，青幘；秋貙劉，服緗幘。續漢志補注

祠五祀，謂五行金、木、水、火、土也。木正曰句芒，火正曰祝融，金正曰蓐收，水正曰玄冥，土正曰后土，皆古賢能治成五行有功者也，主其神祀之。太平御覽禮儀部

〔凡〕聖王之法，〔一八〕追祭天地日月星辰山川萬神，皆古之人也，能〔紀〕天地五行氣，奉〔成〕〔其〕功以成人者也。〔一九〕故其奉祀，皆以人事之禮，食之所食也，非祭食天與土地、金、木、水、火、土、石也。太平御覽禮儀部

祭參、〔二〇〕辰星於池陽谷口，夾道左右爲壇，營覆地各周三十六里。史記封禪書索隱、太平御覽禮儀部

祭地河東汾陰后土宮，宮曲入河，古之祭地澤中方丘也。禮儀如祭天，名曰汾葵，一曰葵丘

也。藝文類聚禮部、太平御覽禮儀部　案：漢書武帝紀注引作「葵上」。

郊泰畤，皇帝平旦出竹宮，東向揖日，其夕，西南向揖月，便用郊日，不用春秋。漢書武帝紀臣瓚注

祭五岳，祠用三正色牲。十月涸凍，二月解凍，皆祭祀。乘傳車，稱使者。太平御覽禮儀部

祭四瀆，用三正色牲，沈珪，有車馬紺蓋。史記封禪書索隱、初學記地部、太平御覽地部、禮儀部　案：初學記引「四瀆」下有「江、河、淮、濟」四字。

祭人先於隴西西縣人先山，山上皆有土人，山下有畤，埒如種菜畦，畤中各有一土封，故云畤。史記封禪書集解、索隱、太平御覽禮儀部

祭〔西〕王母於石室，〔二〕皆在所二千石令長奉祠。太平御覽禮儀部

祭三皇、五帝、九皇、六十四民，案：「民」當作「氏」。皆古帝王，凡八十一姓也。太平御覽禮儀部

宗廟三年大祫祭，子孫諸帝以昭穆坐於高廟，諸隳廟神皆合食，設左右坐。高祖南面，幄繡帳，望堂上西北隅。帳中坐長一丈，廣六尺，繡裀厚一尺，著之以絮四百斤。曲几，黄金釦器。高后右坐，亦幄帳，却六寸。白銀釦器。每牢中分之，左辨上帝，右辨上后。俎餘委肉積於前殿千斤，〔三〕名曰堆俎。子爲昭，孫爲穆。昭西面，曲屏風，穆東面，〔三〕皆曲几，如高祖。饌陳其右，各配其左，坐如祖妣之法。太常導皇帝入北門。羣臣陪者，皆舉手班辟抑首伏。

大鴻臚、大行令、九儐傳曰：「起。」復位。而皇帝上堂盥，侍中以巾奉觶酒從。帝進拜謁。贊饗曰：「嗣曾孫皇帝敬再拜。」前上酒。却行，至昭穆之坐次上酒。子爲昭，孫爲穆，各父子相對也。畢，却西面坐，坐如乘輿坐。贊饗奉高祖賜壽，皇帝起再拜，卽席以大牢之左辦賜皇帝，如祠。其夜半入行禮，平明上九卮，畢，羣臣皆拜，因賜胙。皇帝出，卽更衣巾，詔罷，當從者奉承。續漢志補注、初學記禮部、藝文類聚禮部、太平御覽禮儀部

皇帝唯八月飲酎，車駕夕牲，牛以絳衣之。案：太平御覽引「絳」作「纁」。皇帝暮視牲，以鑑燧案：唐會要引作「鑑諸」。取水於月，以陽燧案：續漢志補注引作「火燧」。取火於日，爲明水〔火〕。〔二四〕左袒，以水沃牛右肩，案：太平御覽引「肩」作「臂」。手執鸞刀，以切牛毛血案：通典引作「以切牛尾之毛」。薦之，而卽更衣巾，侍上熟，〔二五〕乃祀之。續漢志補注、唐會要七、通典禮、太平御覽時序部、禮儀部

皇帝會諸侯酎金廟中，以上計儀設九賓陪位也。初學記禮部、藝文類聚禮部

宗廟一歲十二祠。五月嘗麥。六月、七月三伏，立秋貙婁，案：漢書武帝紀如淳注引「立秋貙膢」。又嘗粢。八月先夕饋飧，皆一太牢，酎祭用九太牢。案：太平御覽禮儀部引「八月飲酎，用九太牢」。十月嘗稻，又飲蒸，二太牢。十一月嘗，十二月臘。〔二六〕又每月一太牢，如閏加一祠，與上十二爲二十五祠。漢書韋玄成傳晉灼注

高帝母，案：章帝紀注引上有「昭靈后」三字。起兵時死小黃北，後於小黃作陵廟。〔二七〕史記高祖本紀正義、

漢書高帝紀如淳注、後漢書章帝紀注、虞延傳注、續漢志補注　案：章帝紀注引末句作「爲作園廟於小黃柵」。

先媼已葬陳留小黃。漢書高帝紀晉灼注

高皇帝家在豐中陽里，爲沛泗上亭長。及爲天子，立沛廟，祠豐故宅。藝文類聚居處部

故孝武廟。續漢志補注　案：引在「建武二年，立高廟於雒陽」下。

南陵，卽文帝薄太后葬之所，亦謂南霸陵，因置縣以奉陵寢。太平寰宇記二十五　案：「南陵」二字，本寰宇記文。

武、昭、宣三陵，（邑）皆三萬户。〔二八〕史記呂不韋列傳索隱

使者監祠，南面立，〔二九〕不拜。續漢志補注　案：引在「立社稷」下。

古時歲再祠靈星，靈星春秋之太牢禮也。〔三〇〕續漢志補注、北堂書鈔禮儀部

漢五年，修復周室舊祀，〔三一〕祀后稷於東南。常以八月祭以太牢，〔三二〕舞者七十二人，冠者五六三十人，童子六七四十二人，爲民祈農報功〔厥〕。〔三三〕案：太平御覽引此一段，史記正義引無「常以八月」至「四十二人」二十九字。夏則龍星見而始雩。龍星左角爲天田，右角爲天庭。〔三四〕天田爲司馬，教人種百穀爲稷。靈者，神也。辰之神爲靈星，故以壬辰日祠靈星於東南，金勝爲土相也。史記封禪書正義、太平御覽禮儀部

春始案：太平御覽引作「春日」。〔三五〕東耕於藉田，官祠先農。先農卽神農炎帝也。祠以一太牢，百

官皆從。皇帝親執耒耜而耕。案：續漢志補注引此句在下文「以爲粢盛」下，又有「古爲甸師官」五字。天子三推，三公五，孤卿十，〔三六〕大夫十二，士庶人終畝。案：明帝紀注引有「皇帝親執耒耜」以下，無下文「大賜三輔」以下十九字。大賜三輔二百里孝悌、力田、三老布帛。百穀萬斛，〔三七〕爲立案：明帝紀注引「爲立」作「乃致」。藉田倉，置令、丞。穀皆給祭天地、〔三八〕宗廟、羣神之祀，以爲粢盛。後漢書明帝紀注、續漢志補注、北堂書鈔禮儀部、太平御覽禮儀部

三老、五更，三代所尊。北堂書鈔設官部

天子父事三老，兄事五更，天子獨拜於屏，其明日三老詣闕。北堂書鈔設官部

求雨，太常禱天地、宗廟、社稷、山川以賽，各如其常牢，禮也。四月立夏旱，乃求雨禱雨而已；後旱，復重禱而已；訖立秋，雖旱不得禱求雨也。續漢志補注

武帝元封日到七月畢賽之，秋冬春不求雨。〔三九〕續漢志補注

五儀案：二字有譌。元年，儒術奏施行董仲舒請雨事，始令丞相以下求雨雪，曝城南，舞女童禱天神。五帝五年，始令諸官止雨，朱繩縈社，擊鼓攻之。太平御覽禮儀部

成帝二年六月，〔四〇〕始命諸官止雨，朱繩反縈社，擊鼓攻之，是後水旱常不和。續漢志補注

踐祚、改〔行〕〔元〕、〔四一〕立皇后、太子，赦天下。每赦，自殊死以下，〔四二〕〔及〕謀反大逆不道諸不當得赦者，〔四三〕皆赦除之。令下丞相御史，復奏可，分遣丞相御史乘傳駕行郡國，解囚徒，

布詔書。郡國各分遣吏傳廄車馬行屬縣，解囚徒。初學記政理部、太平御覽刑法部

册皇子爲諸侯王，皆於上東門中，以東門在卯故也。太平寰宇記二十五

臘者，報諸鬼神、古聖賢著功於民者，〔四四〕皆享之。藝文類聚歲時部、白帖四、太平御覽歲時部〔四五〕

常以正歲十二月命時儺，以桃弧、葦矢且射之，赤丸、五穀播灑之，以除疾殃。文選東京賦注

方相帥百隸及童女，以桃弧、棘矢、土鼓，鼓且射之，以赤丸、五穀播灑之。續漢志補注、通典禮

昔顓頊氏有三子，生而亾去案：東京賦注引作「已而」，無「亾去」二字。爲疫鬼。一居江水爲瘧鬼，案：續漢志補注引作「是爲虎」，字譌。一居若水爲罔兩蜮鬼，案：東京賦注又引「魖鬼」也。一居人宮室區隅漚庾，案：東京賦注引無「漚庾」二字。「漚庾」即「區隅」之音，誤入正文。善驚人小兒。〔四六〕於是以歲十二月使方相氏蒙虎皮，黄金四目，玄衣丹裳，執戈持盾，帥百吏及童子而時儺，以索室中，而毆疫鬼。續漢志補注、通典禮、文選東京賦注、太平御覽時序部

山海經稱東海之中度朔山，山上有大桃，屈蟠三千里，東北閒百鬼所出入也。上有二神人，一曰神荼，二曰鬱壘，主領萬鬼。惡害之鬼，執以葦索以食虎。黄帝乃立大桃人於門户，畫神荼、鬱壘與虎、葦索，以禦鬼。太平御覽果部

正月五日，大置酒，饗衛士。補漢兵志

乘輿大駕儀，公卿奉引，大僕御，大將軍參乘，屬車八十一乘，備千乘萬騎。北堂書鈔儀飾部、文選

藉田賦注

漢乘輿法駕，奉車都尉御，侍郎參乘也矣。北堂書鈔設官部

法駕，公卿不在鹵簿中，河南尹、執金吾、洛陽令奉引，案：史記孝文本紀索隱引漢官儀文，與此畧同，作「京兆尹、長安令」。侍中參乘，屬車三十六乘。前有九旒雲罕，鳳皇闟戟，皮軒鸞旗車，〔四七〕皆大夫載。汗西郡案：當作「漢西都」祀天於甘泉宮。大駕祀天，法駕祀地，五郊、明堂省十三，祀宗廟省九，謂之小駕。大駕，大僕校駕。法駕，黄門令校駕。北堂書鈔儀飾部

帝崩，唅以珠，案：後漢書注引「飯含者，以珠玉實口」。〔四八〕纏以緹繒十二重。以玉爲襦，如鎧狀，連縫之，〔四九〕以黄金爲縷。腰以下以玉爲札，長一尺，〔廣〕二寸半爲柙，〔五〇〕案：「柙」字或作「匣」。下至足，亦縫以黄金縷。請諸衣衿斂之。凡乘輿衣服，已御，輒藏之，崩皆以斂。漢書霍光傳注、董賢傳注、後漢書皇后紀注、劉盆子傳注、續漢志補注、通典禮

王侯葬，腰以下玉爲札，長尺，廣二寸半，〔五一〕爲匣，下至足，綴以黄金縷爲之。後漢書梁竦傳注

高帝崩三日，小斂室中牖下。案：通典「牖」作「墉」，下皆同。〔五二〕作栗木主，長八寸，前方後圓，圍一尺，置牖中，望外，内張綿絮以障外，以皓木大如指，長三尺，四枚，纏以皓皮四方置牖中，主居其中央。七日大斂棺，以黍飯羊舌祭之牖中。已葬，收主。爲木函，藏廟太室中西牆壁埳中，案：後漢書光武紀注引下有「去地六尺一寸，祭則立主於坎下」十三字。通典禮又載賀循引漢儀作「去地六尺一

寸，當祠則設坐於坫下」。望內，外不出室堂之上。坐爲五時衣、冠、履，几、杖、竹籠。爲甬人，無頭，坐起如生時。皇后主長七寸，圍九寸，在皇帝主右旁。高皇帝主長九寸。上林給栗木，

長安祠廟作神主，案：禮記祭法疏云：「案漢儀，高帝廟主九寸，前方後圓，圍一尺。后主七寸。」東園秘器作梓宮，〔五三〕素木長丈三尺，崇廣四尺。續漢志補注、通典禮　案：漢書董賢傳注引作「棺梓素木長二丈，崇廣四尺」。後漢書皇后紀注引作「梓宮長二丈，廣四尺」。

天子即位，案：引本作「漢舊儀略載諸帝壽陵曰：天子即位」云云。明年，將作大匠營陵地，用地七頃，方中用地一頃，深十三丈，堂壇高三丈，墳高十二丈。武帝墳高二十丈，明中高一丈七尺，四周二丈，案：漢書霍光傳如淳注引作「天子陵中明中高丈二尺四寸」。內梓棺柏黃腸題湊，案：霍光傳注引作「內梓宮，次楩椁，柏黃腸題湊」。以次百官藏畢。其設四通羨門，容大車六馬，皆藏之內方，外陟車石。外方立，先閉劍戶，戶設夜龍、莫邪劍、伏弩，設伏火。已營陵，餘地爲西園后陵，餘地爲婕妤以下，次賜親屬功臣。續漢志補注

諸侯王薨，天子遣使者往，使者皆素服。通典禮

高祖廟有鍾十枚，各受十石，案：北堂書鈔引作「受千石」。〔五四〕撞之，聲聞百里。三輔黃圖五、北堂書鈔樂部

望華蓋。北堂書鈔帝王部

民臣被其德，以爲僥倖也。漢書高帝紀晉灼注

有稱萬歲，可十萬人聲。史記孝武本紀正義

校勘記

〔一〕疑「轚柝」二字係衍文。

〔二〕文選新刻漏銘注引作「謼呼備火」。

〔三〕孔本書鈔卷一三〇引「及」作「又」，「帥」作「師」。

〔四〕孔本書鈔卷一三〇引作「冬至晝三十五刻，後九日加一刻，立春晝夜三十八刻」。標目却作「冬晝三十刻，春晝四十刻」。

〔五〕據御覽卷五二七補「五」字。下條亦作「五時」。

〔六〕據漢書賈誼傳應劭注改「五祀」作「五時」。

〔七〕按類聚卷三八作「成帝已來所祭天之圜丘也」。御覽卷五二七則作「黄帝以來所祭天之圜丘也」，「成」作「城」，屬上讀。又史記孝武本紀正義引括地志曰：「通天臺，卽黄帝以來祭天圜丘之處。」太平寰宇記亦同。據此則「皇帝所以」恐當以作「黄帝以來」爲是。

〔八〕史記孝武本紀索隱引「三百里」作「二百里」。又文選藉田賦注無此引，實出西京賦注，孫案非。

〔九〕三輔黄圖卷二「金色」上有「芝」字。

〔一〇〕據太平寰宇記卷三一補「盤」字。

〔一一〕據太平寰宇記卷三一補「以」字。

〔一二〕續漢志補注、初學記卷一三、御覽卷五二六「幄帳」均引作「幄帷」，書鈔卷九〇、類聚卷三八作「帷幄」，無作「幄帳」者。疑此引當以作「幄帷」爲是。

〔一三〕續漢志補注作「紺帷帳」，類聚卷六九、御覽卷七〇〇作「紺幄帳」，疑此引脱「帳」字。

〔一四〕御覽卷七〇九「用」上有「登地」二字。

〔一五〕御覽卷五二七「凡」下引有「器」字。又漢書郊祀志有兩引，其一此句作「用玉几玉飾器凡七十」，與諸引皆異。

〔一六〕史記封禪書正義無此引，孝武本紀正義引「養牛」以下八字，孫注誤。

〔一七〕孔本書鈔卷八八引作「制祀天齋七日，宗廟五日，小祀三日」。

〔一八〕據御覽卷五二六補「凡」字。

〔一九〕據御覽卷五二六補「紀」字，又改「成」爲「其」。

〔二〇〕影宋本御覽卷五二六「祭」上有「各王封」三字。

〔二一〕據御覽卷五二六補「西」字。

〔二二〕續漢志補注「殿」作「數」。

〔二三〕兩「面」字原均誤作「南」，據續漢祭祀志補注、類聚卷三八、初學記卷一三、御覽卷五二六引改。

〔二四〕諸引「水」下俱引「火」字，據補。

〔二五〕點校本續漢禮儀志補注據盧文弨校，改「巾」作「中」，且置於「侍」字之下。

〔二六〕漢書韋玄成傳晉灼注「十二月臘」下有「二太牢」三字。

〔二七〕續漢志補注、後漢書虞延傳注均作「爲作陵廟於小黄」。

〔二八〕「邑」係衍文，據史記呂不韋傳索隱删。

〔二九〕點校本續漢志補注「南面」作「南向」。

〔三〇〕孔本書鈔卷九〇作「雒陽歲再祀靈星者。青龍星大小辰爲靈星，左角爲天田，右角爲天庭」，文大異。又點校本續漢志補注據盧文弨校删下「靈星」二字，改「之太」作「用少」。

〔三一〕史記封禪書正義「周室」作「周家」，「舊祀」作「舊祠」。

〔三二〕影宋本御覽卷五二六「以」作「一」。

〔三三〕據史記封禪書正義補「厥」字。

〔三四〕「天庭」原作「大庭」，據孔本書鈔卷九〇改。

〔三五〕影宋本御覽卷五三二作「春始」，孫氏所據本誤。

〔三六〕諸本中唯點校本後漢書明帝紀注作「孤卿七」。

〔三七〕續漢志補注「百穀」上引有「種」字。

〔三八〕續漢志補注、後漢書明帝紀注「皆」下均有「以」字。

〔三九〕「春」原作「夏」，諸本續漢禮儀志補注均作「春」，據改。

〔四〇〕諸本中唯點校本續漢志補注作「成帝三年六月」。

〔四一〕據初學記卷二〇、御覽卷六五二引改「行」作「元」。

〔四二〕「殊」原作「除」，據初學記卷二〇、御覽卷六五二改。

〔四三〕據初學記卷二〇、御覽卷六五二補「及」字。

〔四四〕御覽卷三三「古聖賢」上引有「卽」字。

〔四五〕「歲時部」係「時序部」之誤。

〔四六〕文選東京賦注引作「善驚人爲小鬼」。

〔四七〕孔本書鈔卷一三〇作「皮軒鸞車旗」。然據續漢志，疑「車」字係衍文。

〔四八〕按後漢書皇后紀注「飯含者」以下八字，乃李賢之語，非漢舊儀之文。

〔四九〕漢書霍光傳注「縫」作「綴」，下「縫」字亦然。後漢書劉盆子傳注亦作「綴」。

〔五〇〕據漢書霍光傳注、後漢書劉盆子傳注補「廣」字。

〔五一〕「二寸半」原誤作「一寸半」，後漢書梁竦傳注諸本皆作「二寸半」，故改。

〔五二〕萬有文庫本通典此處作「牖」，下文則作「墉」。

〔五三〕點校本、殿本續漢禮儀志補注「梓宮」作「梓棺」。

〔五四〕孔本書鈔卷一〇八作「受十石」，孫輯乃沿陳本之訛。

漢舊儀一卷

漢衛　宏撰
清王仁俊輯

漢官儀〔一〕

開陽門始成，未有名。夜有一柱來止樓上，瑯琊開陽縣上言，南門下柱飛去。因刻記年月于其門。或曰七寶，生于酒泉郡。稽瑞

校勘記

〔一〕書名當作漢官舊儀，或作漢舊儀。

漢官儀一卷

漢應劭撰
元陶宗儀輯

漢官儀

獬豸獸性觸不直，故執憲者以其角形爲冠。〔一〕

侍御史，周官也，爲柱下史，冠法冠。一曰柱後，以鐵爲柱。〔二〕

正月旦，天子御德陽殿，臨軒。公、卿、大夫、百官各陪位朝賀。蠻貊胡羌朝貢，必見屬郡（封）〔計〕吏，皆陛覲。〔三〕

孝武時，天子以下未有幘。元帝頟上有壯髮，不欲使人見，乃始進幘，羣僚隨焉。〔四〕

省中皆胡粉塗壁，畫古烈王。〔五〕

孝武皇帝南平百越，北攘戎狄，置交阯朔方之州，復徐梁之地，改雍曰梁，改梁曰益，凡十三州。所以交朔獨不州，明示帝王未必相襲，始開地方，〔六〕遂交南方，爲子孫基阯也。

侍中，秩千石。黄門有畫室署、玉堂署，各有長一人。〔七〕

尚書郎懷香握蘭，趨走丹墀。〔八〕

世祖封禪，久有白氣一丈，〔九〕東南極望，正直壇所，有青氣上與天屬，遥望不見此，〔一〇〕瑞命之符也。

謁者着緗幘大冠。〔一〕

綬者，有所受，以别尊卑，彰有德也。〔二〕

司空騎吏以下皂袴，因秦水德。今漢家火德，宜着絳袴。〔三〕

虎賁中郎將衣紗縠單衣，虎綿袴。〔四〕

尚書令、僕、丞、郎月賜渝糜大墨一枚，小墨一枚。〔五〕

天子壇田，公卿耕訖，嗇夫下種。凡稱籍田爲千畆，亦曰帝籍，亦曰耕籍，亦曰東耕，亦曰親耕，亦曰玉籍。〔六〕

侍中向存年老口臭，〔七〕帝乃賜以鷄舌香，令含之。

校勘記

〔一〕此引出初學記卷二六。

〔二〕同右。

〔三〕宛委山堂本説郛避清人之忌，删「胡」字。今據御覽卷二一九補。又改「封」作「計」。此引又見于類聚卷三九，「必」作「畢」，屬上讀。

〔四〕此引見於御覽卷八九。

〔五〕御覽卷一八七有此引，「烈王」作「烈士」，當是。

〔六〕御覽卷一五七引「地方」作「北方」，餘皆同。

〔七〕此引見於御覽卷二一九。

〔八〕此引與御覽卷九八三所引皆同，但御覽作蔡質漢官儀之文。又書鈔卷六〇、初學記卷一一引漢官儀中，有此十一字。御覽卷二一五引漢官儀中，有「郎」以下九字。不詳陶氏所本爲何。

〔九〕御覽卷八七二「久」引作「夕」，御覽卷一五亦同。夕，於此指夕牲之時，詳見續漢志補注所引封禪儀。

〔一〇〕御覽卷八七二「此」作「巔」，是。

〔一一〕此引見於御覽卷六八七。

〔一二〕此引出御覽卷六八二。

〔一三〕唯御覽卷六九五引與此引多同，僅兩「德」字皆作「行」，「宜」下無「着」字。

〔一四〕此引分見書鈔卷一二九、御覽卷六九五。疑陶輯「虎」下脱「文」字。

〔一五〕此引與初學記卷二一中兩引同。然其中敍事引作漢書之文，事對作蔡質漢官之語。疑陶輯引誤。

〔一六〕此引分見初學記卷一四、御覽卷五三七。其引「壇田」作「升壇」，「玉藉」作「王藉」，與陶輯略異。

〔一七〕御覽卷三六七引有此條，「向存」作「乃存」。

漢官儀二卷

孫星衍敍録

隋志：漢官五卷，應劭注。漢官儀十卷，應劭撰。據後漢書應劭傳，建安二年，「詔拜劭爲袁紹軍謀校尉。時始遷都於許，舊章堙没，書記罕存。劭慨然歎息，乃綴集所聞，著漢官禮儀故事」。劭所撰，止一書，不知隋志何以分爲二。又劭傳云：「凡朝廷制度，百官典式，多劭所立。初，父奉爲司隸時，並下諸官府郡國，各上前人像贊，劭乃連綴其名，録爲狀人紀。」今諸書引漢官儀，有諸人姓名，狀人紀者，疑即其書中篇名。陳氏書録解題有「應劭漢官儀一卷，載三公官名及名姓州里，李埴補一卷，俱不傳」。諸書引有作應劭漢官，應劭漢官儀，亦有彼此互舛，不可分別。今併録爲二卷。續漢志劉昭補注引漢官不標名應劭者，悉是目録，不知何人所撰。別爲一卷，以存其舊。

漢官儀卷上

漢軍謀校尉應劭撰

清孫星衍校集

太傅，古官也。周成王時，康叔爲之。高后元年，初用王陵，金印紫綬。八年省。哀帝元壽二年復置，位在三公上。世祖中興，特遣使者備禮，徵故密令卓茂，〔一〕策曰：案：北堂書鈔引作「卓茂甲申策書」。「前密令卓茂，束身自修，執節純固。案：北堂書鈔引有「前密令」下十三字，無下文「夫士」二字，又「束身」作「束髮」。〔二〕夫士誠能爲人所不能爲，名冠天下，當受天下重賞。〔三〕故武王誅紂，封比干之墓，表商容之閭。今以茂爲太傅，案：文選任彥升爲范尚書讓吏部封侯表注引作「特擢盛德，南陽卓茂爲太傅」。封宣德侯。」〔四〕北堂書鈔設官部、藝文類聚職官部、太平御覽職官部　案，此條引俱作應劭漢官，唯文選注引作漢官儀。下文凡言漢官者，上皆有「應劭」二字。

傅者，覆也。續漢志補注

明帝甲辰策書曰：〔五〕「高密侯鄧禹，元功之首，其以禹爲太傅。」北堂書鈔設官部　案：此條引作漢官。〔六〕

和帝丁酉策書曰：〔七〕「故太尉鄧彪，元功之族，三讓彌高，海內歸仁，爲羣賢首。其以彪爲太傅，〔八〕案：北堂書鈔、初學記、藝文類聚俱引作「太尉」。録尚書事，百官總己以聽，庶得專位內之事。」〔九〕北堂書鈔設官部、初學記職官部、藝文類聚職官部、太平御覽職官部兩引

殤帝策曰：〔一〇〕「張禹三世在位，黄髮罔愆，〔一一〕忠孝彌篤。其以禹爲太傅，録尚書事，百官總己以聽。」北堂書鈔設官部兩引

沖帝丁酉策書曰：〔一二〕「舅氏輔翼股肱，三公國之楨榦，朝廷取正，以成斷金。太尉趙峻，三世

掌典機衡，〔一三〕案：太平御覽引作「樞衡」。有匪石不二之心。〔一四〕大司農李固，公族之苗，忠直不回，〔一五〕有史魚之風。今以峻爲太傅，固爲太尉，與大將軍冀參録尚書事。」北堂書鈔設官部兩引、初學記職官部、藝文類聚職官部兩引、太平御覽職官部兩引

靈帝策書曰：「故太尉陳蕃，忠亮蹇諤，有不吐茹之節。司徒胡廣，惇德允元，五世從政。今以蕃爲太傅，與廣參録尚書事。」藝文類聚職官部、太平御覽職官部

太師，太傅，太保，皆古官也。〔一六〕初學記職官部

太師，古官也。平帝元年，孔光以太傅見，授詔，太師無朝，十日一賜餐，賜靈壽杖，省中施坐置几。太師入省中用杖，自是而□。續漢志補注　案：三公，太師在太傅前。後漢省太師、太保，唯置太傅。今改列於後。　又案：此條末「□」，今本作「闕」字，乃校者所記，而後來誤入正文也。今訂正。

孝平皇帝元始元年，〔一七〕太后詔曰：「太師光，今年老有疾，俊乂大臣，惟國之重。書曰『無遺老成』，〔一八〕國之將興，尊師重傅。其令大師無朝，十日一賜餐，賜以靈壽杖，黄門令爲太師於省中施坐置几，太師入省用杖焉。」北堂書鈔設官部、初學記職官部、太平御覽職官部

平帝元始元年，〔一九〕孔光以太師見授。太后詔曰：「太師先聖之後，〔二〇〕道術通明，案：北堂書鈔又引作「先師之子，德行純淑」。宜居四輔職，訓導帝躬。」北堂書鈔設官部、初學記職官部

太保，古官也。保，養也。北堂書鈔設官部、藝文類聚職官部、太平御覽職官部〔二一〕

太尉，秦官也，武帝更名大司馬。後漢書光武紀注　案：通典職官云：「應劭漢官謂太尉爲周官，非也。」與此異。

武帝元狩四年，置大司馬，以冠將軍之號，而無印綬。北堂書鈔設官部

元狩六年，罷太尉，法周制置司馬。時議者以爲漢軍有官候、千人、司馬，故加「大」爲大司馬，所以別異大小司馬之號。續漢志補注

三司之職，司馬主兵。漢承秦曰太尉，武帝改曰大司馬，無印綬，官兼加而已。世祖改曰太尉。太平御覽職官部　案：引作漢官序

張衡云：案：太平御覽引作「河間相張衡説」。「明帝更司馬、司空府，欲復更太尉府。案：太平御覽引作「明帝以爲司徒、司空府已榮，欲更治太尉府」。時公南陽趙憙也。案：太平御覽引有「南陽」二字。西曹掾安衆鄭均，素好名節，以爲朝廷新造北宮，整飭官寺，旱魃爲虐，民不堪命，曾無殷湯六事，周宣雲漢之辭。今府本館陶公主第舍，員職既少，自足相容。〔一二〕憙表陳之，卽聽許。〔一三〕其冬，臨辟雍，〔一四〕歷二府，見皆壯麗，〔一五〕而太尉府獨卑陋。顯宗東顧歎息曰：『椎牛縱酒，勿令乞兒爲宰。』時憙子世爲侍中，驂乘，歸具白之，憙以爲恨，頻譴責均，均自劾去，道發病亡。」續漢志補注、太平御覽職官部

章帝詔曰：「司空牟融，典職六年，勤勞不怠。其以融爲太尉，録尚書事。」北堂書鈔設官部、藝文

類聚職官部兩引、太平御覽職官部兩引

殤帝策書曰：「司徒徐防，以臺閣機密，施政牧守。其以防爲太尉，録尚書事，百官總已以聽。」藝文類聚職官部

太尉、司徒、司空長史，秩比千石，號爲「毗佐三台，助成鼎味」。〔二六〕太平御覽職官部

東西曹掾比四百石，餘掾比三百石。賊曹，主盜賊之事。後漢書銚期傳注

決曹，主罪法事。〔二七〕後漢書王霸傳注

官騎〔二十二〕〔三十〕人。〔二八〕續漢志補注

王莽時，議以漢無司徒官，故定三公之號曰大司馬、大司徒、大司空。世祖即位，因而不改。續漢志補注

漢儀曰：〔二九〕「司徒府與蒼龍闕對，厭於尊者，不敢號府」。應劭曰：「此不然。丞相舊位在長安時，有四出門，〔三〇〕隨時聽事。明帝東京本欲依之，迫於太尉、司空，但爲東西門耳。每國有大議，天子車駕親幸其殿。」通典職官　案：「應劭曰」以下，是漢官儀之文。

相國、丞相，皆六國時官。通典職官

丞相有疾，御史大夫三日一問起居，百官亦如之。案：藝文類聚引作「百僚亦然」。朝廷遣中使太醫高手，膳羞絡繹。及瘳視事，尚書令若光禄大夫，賜以養牛、上尊酒。藝文類聚職官部、太平御覽

職官部

丞相見免，乘驄馬自府歸。說文繫傳十九

武帝置丞相司直。元壽二年改丞相爲大司徒，司直仍舊。今省。後漢書光武紀注

司徒府掾屬三十一人，秩千石。令史及御屬三十六人。後漢書光武紀注、梁冀傳注

綏和元年，罷御史大夫官，法周制，初置司空。議者又以縣道官獄司空，故覆加「大」，爲大司空，亦所以別大小之文。續漢志補注

御史大夫、尚書令、司隸校尉，皆專席，號三獨坐。後漢書王常傳注

大司空朱博奏：「高皇帝置御史大夫，位次丞相。」北堂書鈔設官部

司空騎吏以下皁袴，因秦水行。今漢家火行，宜絳袴。太平御覽服章部

三公聽採長吏臧否，人所疾苦，還條奏之，是爲舉謠言也。頃者舉謠言，〔掾〕屬令史都會殿上，〔三一〕主者大言州郡行狀云何，善者同聲稱之，不善者默爾銜枚。後漢書蔡邕傳注、范滂傳注

今司徒太尉下書州郡，〔三二〕文皆稱公。蓋倉頡作書，自環者謂之私，〔三三〕背私者謂之公。案：通典職官引下有「韓子曰『背私曰公』」七字。春秋「九命作宰」。天子御坐即起，其輿案：「其輿」當作「在輿」，見通典。爲下。凡拜，天子臨軒，六百石以上悉會，直事卿贊，〔三四〕御史授，案：當脫「印綬」二字，見通典。公三讓，然後乃受之。漢禮儀曰：「天子稱尊號曰皇帝，言曰制，補制言曰詔，稱民有

言有辭曰陛下。」今皆施行。詩云：「肅肅王命，仲山甫將之；邦國若不，仲山甫明之。」詔令之義。三公三人以承君，蓋由鼎有足。故易曰「鼎象」也。北堂書鈔設官部　案：通典職官引作「鼎足三者，三光也」。

羣臣上書，公、卿、校尉、諸將不言姓。凡制書皆（稱）璽封，〔三五〕尚書令重封。惟赦贖令司徒印，露布州郡也。後漢書鮑昱傳注

世祖詔：案：北堂書鈔引作「中興甲寅詔書」。「方今選舉，賢佞朱紫錯用。丞相故事，四科取士。一曰德行高妙，志節清白；二曰學通行修，經中博士；〔三六〕三曰明達法令，足以決疑，能案章覆問，文中御史；〔三七〕四曰剛毅多略，遭事不惑，明足以決，才任三輔令。〔三八〕皆有孝悌廉公之行。〔三九〕自今以後，審四科辟召，及刺史、二千石察茂才尤異孝廉之吏，務盡實覈，選擇英俊、賢行、廉潔、平端於縣邑，務授試以職。有非其人，臨計過署，不便習官事，書疏不端正，不如詔書，有司奏罪名，竝正舉者。」又舊河隄謁者，世祖改以三府掾屬爲謁者領之，遷超御史中丞、刺史，或爲小郡。監察黎陽謁者，世祖以幽并州兵騎定天下，〔四〇〕案：後漢書竇憲傳注引作「光武中興」，又「定」上有「克」字。故於黎陽立營，以謁者監之，兵騎千人，復除甚重。謁者任輕，多放情態，順帝改用公解府掾有清名威重者，遷超牧守焉。續漢志補注、北堂書鈔設官部　案：後漢書和帝紀注、太平御覽治道部引作「建初八年十二月己未詔書」，文略同，唯無「河隄謁者」以下一段。

三公府有長史一人。後漢書梁冀傳注

將軍，周官也。趙王以李牧爲將軍破秦，〔四一〕始受大名。王翦、灌嬰竝爲之。北堂書鈔設官部

將軍，周官也。漢興，置大將軍，位丞相上。北堂書鈔設官部

和帝以竇憲爲大將軍，乃冠三公。太平御覽職官部

梁冀爲大將軍，以三世姻媾援立之功，公卿希旨，上比周、霍，舉高第茂才官屬，皆倍餘府。太平御覽職官部

鼓吹二十人，非常員。舍人十人。續漢志補注、通典職官

鼓吹爲國盤娱，禦侮爪牙。〔四二〕北堂書鈔儀飾部

漢興，置驃騎將軍，位次丞相。是以漢百官志云驃騎將軍秩與大將軍同。〔四三〕北堂書鈔設官部、太平御覽職官部

章帝以元舅馬防爲車騎將軍，服銀印青綬，位在卿上，絶席。續漢志補注、北堂書鈔設官部、太平御覽職官部

和帝以竇憲爲車騎將軍，賜金印紫綬，位次司空。續漢志補注、北堂書鈔設官部

武帝西征西夷，有前後左右將軍，爲國爪牙，所以揚示威靈，折衝萬里。北堂書鈔設官部

度遼將軍，孝武皇帝初用范明友。明帝十八年，案：當云「八年以中郎將吴常」，見明帝紀注。〔四四〕行度

遼將軍事。安帝元初元年，置眞。銀印青綬，秩二千石。長史、司馬六百石。續漢志補注

度遼將軍屯五原曼柏縣。後漢書安帝紀注

將軍掾屬二十九人，中大夫無員，令史四十一人。後漢書東平憲王傳注

太常，古官也。書曰：「伯夷，『典朕三禮』。帝曰：『咨伯，汝作秩宗』。」百官公卿表云：「太常，古官。」云伯夷也。北堂書鈔設官部

太常，古官也。書曰「伯夷」。欲令國家盛大，社稷常存，故稱太常。以列侯爲之，重宗廟也。後漢書光武紀注、北堂書鈔設官部

北海周澤爲太常，齋有疾，〔四五〕其妻憐其年老被病，〔四六〕窺內問之。澤大怒，以爲干齋，掾吏叩頭爭之，不聽，遂收送詔獄，〔四七〕竝自劾謝。論者非其激發不實。〔四八〕諺曰：「居世不諧，爲太常妻。一歲三百六十日，三百五十九日齋，一日不齋醉如泥。〔四九〕既作事，復低迷。」初學記職官部、藝文類聚職官部、太平御覽職官部

卿，彰也，明也。言當背邪向正，彰有道德。北堂書鈔設官部

太史令屬太常，案：張衡傳注引有此二字。秩六百石。掌天時星歷，凡歲奏新年歷；凡國祭祀喪娶之事，奏良日；國有瑞應災異，（掌）記之。〔五〇〕後漢書張衡傳注、太平御覽職官部　案：太平御覽引作「應劭曰」。

太史令，秩六百石。望郎三十人，掌故三十人。昔在顓頊，南正重司天，火正黎司地。唐虞之際，分命羲和歷象日月星辰，敬授民時。至于夏后、殷、周，世序其官，皆精研術數，窮神知化。當春秋時，魯有梓慎，晉有卜偃，宋有子韋，鄭有裨竈，觀乎天文，以察時變，其言屢中，有備無害。漢興，甘石、唐都、司馬父子，抑亦次焉。末塗偷進，苟忝茲階，既闇候望，競飭邪僞，以凶爲吉，莫之懲糾。太平御覽職官部　案：引「應劭曰」。

張溫字伯慎，穰人也，封玄鄉侯。〔五一〕太史奏言有大臣誅死，董卓取溫笞殺於市而厭之。〔五二〕後漢書竇武傳注

博士，秦官也。博者，通博古今；士者，辨於然否。〔五三〕案：藝文類聚、太平御覽引有「博者」以下十二字。孝武建元五年，案：朱浮傳注引作「武帝」，無年號。初置五經博士，秩六百石。案：太平御覽引有此四字。後增至十四人。太常差次有聰明威重者一人爲祭酒，〔五四〕總領綱紀。其舉狀曰：「生事愛敬，喪歿如禮。通易、尚書、孝經、論語，兼綜載籍，窮微闡奧。隱居樂道，不求聞達。身無金痍痼疾，世六屬不與妖惡交通、〔五五〕王侯賞賜。行應四科，經任博士。」下言某官某甲保舉。後漢書朱浮傳注、藝文類聚職官部、太平御覽職官部

光武中興，恢宏稽古，易有施、孟、梁邱賀、京房，書有歐陽和伯、夏侯勝、建，詩有申公、轅固、韓嬰，春秋有嚴彭祖、顏安樂，禮有戴德、戴勝。凡十四博士。太常差選有聰明威重一

人爲祭酒，總領綱紀也。〔五六〕後漢書徐防傳注

漢置博士祭酒一人，秩六百石。唐六典二十一

文帝博士七十餘人，爲待詔博士。朝服玄端，〔五七〕章甫冠。唐六典二十一

博士入平尚書，出部刺史、諸侯相，次轉諫大夫。北堂書鈔設官部

博士限年五十以上。後漢書楊仁傳注

秘書監一人，秩六百石。〔五八〕後漢書桓帝紀注、唐六典十

大予樂令一人，秩六百石。後漢書明帝紀注

置陵園令、食監各一人，秩皆百石。後漢書皇后紀注

憲陵園丞秩三百石，陽陵令秩六百石。〔五九〕後漢書段熲傳注

丞皆選孝廉郎年少薄伐者，遷補府長史、都官令、候、司馬。續漢志補注

光，明也。禄，爵也。勳，功也。言光（六）〔禄〕典郎，謁、諸虎賁、羽林，〔六〇〕舉不安得，〔六一〕賞不失勞，故曰光禄勳。太平御覽職官部

光禄勳有南北廬主事、三署主事。案：後漢書張霸傳注：光禄勳主事，見漢官儀。〔六二〕於諸郎之中，察茂才高第者爲之，秩四百石。次補尚書郎，出宰百里。唐六典一〔六三〕

光禄有主簿。唐六典十五

光祿舉敦厚、質樸、遜讓、節儉，此爲四行。〔六四〕後漢書吴祐傳注、范滂傳注

五官中郎將，秦官也。秩比二千石，三署郎屬焉。太平御覽職官部

五官、左、右中郎將，秦官也。秩比二千石。凡郎官皆主更直，執戟宿衛。北堂書鈔設官部

郎中令，屬官有五官中郎將，左、右中郎將，曰三署。署中各有中郎、議郎、侍郎、郎中，皆無員。（外）多至千人，〔六五〕主執戟衛宫陛，及諸虎賁、羽林郎皆屬焉。謂之郎中令者，言領諸郎而爲之長。初學記職官部　案：續漢志無郎中令。〔六六〕

三署謂五官署也，左、右署。〔六七〕各置中郎將以司之。郡國舉孝廉以補三署郎，年五十以上屬五官，其次分在左、右署，凡有中郎、議郎、侍郎、郎中四等，無員。後漢書和帝紀注

建武二十四年，〔六八〕遣中郎將段郴迎單于於五原塞。北堂書鈔設官部

虎賁中郎將，古官也。書稱「武王伐紂，戎車三百兩，虎賁八百人，〔六九〕擒紂於牧之野」。言其猛怒如虎之奔赴也。孝武建元三年，初置期門。案：順帝紀注引有「孝武」以下十字。北堂書鈔引作「孝武皇帝初置期門」。平帝元始元年，更名虎賁郎。案：白帖七十五引「更名虎賁中郎將」。〔七〇〕古有勇者孟賁，改奔爲賁。中郎將冠兩鶡尾。案：太平御覽服章部引「冠」下有「插」字。〔七一〕鶡，鷙鳥中之果勁者也，每所攫撮，應爪摧碎，鬬不死不止。案：北堂書鈔引有「鬬」下五字。鶡尾，上黨所貢也。後漢書順帝紀注、北堂書鈔設官部、初學記服食部、〔七二〕太平御覽職官部、服章部

虎賁中郎將衣紗縠襌衣、虎文錦袴，〔七三〕餘郎亦然。漢書江充傳注、北堂書鈔衣冠部兩引、初學記寶器部、太平御覽服章部兩引、布帛部

虎賁千五百人，戴鶡尾，屬虎賁中郎將。後漢書光武紀注

武帝太初元年，初置建章營騎，後更名羽林。以天有羽林之星，故取名焉。又取從軍死事之子孫養羽林官，教以五兵，號曰羽林孤兒。光武中興，以征伐之士勞苦者爲之，故曰羽林士。後漢書順帝紀注

羽林者，言其爲國羽翼，如林盛也。皆冠鶡冠。一名爲嚴郎，言其禦侮嚴厲。其後簡取五營高才，別爲左、右監。〔七四〕羽林父死子繼，與虎賁同。廣韻九麌注、〔七五〕太平御覽職官部

羽林郎出補三百石丞、尉自占。丞、尉小縣（丞、尉）三百石，〔七六〕其次四百石，比秩爲真，皆所以優之。後漢書和帝紀注

羽林左、右監，屬光祿。後漢書來歷傳注

羽林左監主羽林八百人，右監主九百人。後漢書安帝紀注

羽林左騎，秩六百石，領羽林，屬光祿勳。後漢書曹褒傳注

光祿大夫，秩比二千石，不言屬光祿勳。案：藝文類聚引有此六字。

光祿勳門外特施行馬，以旌別之。藝文類聚職官部、白帖七十五

成帝時，王延世以校尉領河隄。語曰：案：「語」當作「詔」。「東郡決河，流漂二州，校尉延世隄防立塞。改爲河平元年。惟延世長於計策，功費約省。以延世爲光祿大夫，秩二千石。」北堂書鈔政術部

天子二十七大夫，職在言議，毗亮九卿，無員，多至數十人。北堂書鈔設官部

登高能作賦，可以爲大夫。感物造端，才知深美，可與國事，故舉爲列大夫。古者諸侯、卿大夫交接鄰國，以微言相感，當揖讓之時，必稱時案：「時」當作「詩」。〔七七〕以喻其志，別賢不肖，而觀盛衰焉。北堂書鈔設官部

議郎、郎中，秦官也。議郎秩比六百石，特徵賢良方正敦朴有道。第公府掾，試博士者，拜郎中。北堂書鈔設官部

議郎十二人，秩比六百石，不屬署，不直事。侍御史遷補博士、諸侯王郎中令。北堂書鈔設官部

謁者僕射，秦官也。僕，主也。古者重武事，每官必有主射以督課之。〔七八〕後漢書光武紀注、北堂書鈔設官部

孝明皇帝丁酉詔書曰：「謁者，堯之尊官，所以試舜於四門。」北堂書鈔設官部

明帝詔書：「昔燕太子使荆軻劫始皇，變起兩楹之閒。其後謁者之引客，持匕首劍刺腋。高

祖偃武行文，故易之以版。」北堂書鈔設官部

謁者皆著緗幘大冠，〔七九〕白絹單衣。北堂書鈔衣冠部、太平御覽服章部〔八〇〕

謁者三十人，秩四百石，掌報章奏事及喪弔祭享。北堂書鈔設官部

謁者三十五人，以郎中秩滿歲稱給事，未滿歲稱灌謁者。後漢書雷義傳注

舊河隄謁者居之。水經注濟水

公車司馬令，〔八一〕周官也。秩六百石，冠一梁，掌殿司馬門，夜徼宮中，天下上事及闕下，案：漢書和帝紀注引作「諸上書詣闕下者，皆集奏之」。凡所徵召，皆總領之。李郃以公車司馬入爲侍中。漢書百官公卿表注、後漢書光武紀注、和帝紀注、三輔黃圖二、北堂書鈔設官部、太平御覽職官部

北宮衛士令一人，秩六百石。後漢書譙玄傳注

凡居宮中，皆施籍於掖門，案姓名當入者，本官爲封棨傳，審印信，然後受之。後漢書竇武傳注

崇賢門內德陽殿。後漢書順帝紀注

未央大廐，〔八二〕長樂、承華等廐令，案：文選東京賦注引「漢有承華廐」。皆秩六百石。後漢書和帝紀注、三輔黃圖六

牧師諸苑三十六所，分置西北邊，〔八三〕分養馬三十萬頭。漢書百官公卿表注、後漢書和帝紀注

廷尉責案上御史臺。通典職官

光武時有以疑獄見廷尉曹史張禹，所問輒對，處當詳理。於是册免廷尉，以禹代之，雖越次而授，亦足以厲其臣節也。通典職官、太平御覽職官部

秦置典客，掌諸侯及歸義蠻夷。漢因之。景帝更名大行令，武帝改曰大鴻臚。初學記職官部〔八四〕

鴻臚，景帝置。北堂書鈔設官部

皇帝延諸侯王，賓王諸侯，皆屬大鴻臚。故其薨，奏其迹，賜與謚及哀策誄文。通典職官

昔唐、虞賓于四門，此則禮賓之制。〔與〕鴻臚之任亦同。〔八五〕初學記職官部

宗正卿，秩中二千石。後漢書安帝紀注

長公主傅一人，私府長一人，食官一人，永巷長一人，家令一人，秩皆六百石，各有員吏。而鄉公主傅一人，秩六百石，僕一人，六百石，家丞一人，〔八六〕三百石。後漢書皇后紀注

長公主官屬，傅一人，員吏五人，騶僕射五人，私府〔長〕、食官〔長〕、永巷〔長〕令、〔八七〕家令各一人。後漢書鄧晨傳注

大司農，古官也。唐、虞分命羲、和四子，敬授民時。高祖受命，懲秦之弊，與民休息。逮至文、景，國家無事，家給人足。京師之錢，累一日巨萬，〔八八〕貫朽而不可校。太倉之粟，陳陳相因，充溢露積，腐敗而不可食。北堂書鈔設官部、藝文類聚職官部、太平御覽職官部

初秦置治粟内史，掌穀貨。漢因之。景帝更名大農令，武帝更名大司農，王莽改曰羲和，又改爲納言。〔八九〕東漢復曰大司農。初學記職官部、白帖七十五

丞二千石。續漢志補注　案：此條引作「應劭漢官秩」。

平準令一人，秩六百石。後漢書靈帝紀注

廩犧令一人，秩六百石。後漢書和帝紀注、董鈞傳注

少府掌山澤陂池之税，名曰禁錢，以給私養，自別爲藏。少者，小也，故稱少府。秩中二千石。大用由司農，小用由少府，故曰小藏。北堂書鈔設官部

少者，小也，小故稱少府。王者以租税爲公用，山澤陂池之税以供王之私用。古皆作小府。續漢志補注　案：引作「漢官」。太平御覽職官部引漢官宰尹下曰：「少府，言別爲少藏，故曰少府。」〔九〇〕

田租、芻藁以給經用，凶年，山澤魚鹽市税少府以給私用。續漢志補注

太醫令，周官也。兩梁冠，秩千石，丞三百石。北堂書鈔設官部、太平御覽職官部

太醫令一人，秩六百石。後漢書安帝紀注

太官令，兩梁冠，秩千石，丞四人。郡孝廉年五十，清修聰明者，光禄上名，迺召拜，比秩四百石。三歲爲令，以供養勞苦遷。案：此下當有闕文。左丞有湯官丞，案：當云「有左丞，有湯官丞」。掌諸甘配。案：當云「有甘丞，掌諸甘肥」。皆見續漢書志及補注〔九一〕有菓丞，掌菓瓜菜茹薪炭。太平御覽職官部

太官令，秩一千石。桓帝延熹元年，使太官令得補二千石，置四丞。唐六典十五

太官，主膳羞也。後漢書皇后紀注　案：光武紀注引「口實，膳羞之事也」。

太官〔菓〕丞官別在外，〔九二〕掌菓瓜菜茹。太平御覽菜茹部

太官右監丞，秩比六百石。後漢書桓帝紀注

守宮令一人，〔九三〕秩六百石。後漢書桓帝紀注

鴻德苑令一人，秩六百石。後漢書桓帝紀注　案：「鴻德」二字，從桓帝紀注以小字別之，下凡倣此。

侍中，周官也。案：太平御覽引連下「金蟬」一段。侍中便蕃左右，與帝升降，卒思案：北堂書鈔引作「切問」近對，拾遺補闕，百寮之中，莫密於兹。北堂書鈔設官部、初學記職官部、藝文類聚職官部、白帖七十一、太平御覽職官部

侍中金蟬左貂。案：藝文類聚引作「有貂」，誤。金取堅剛，百鍊不耗。〔九四〕蟬居高食潔，案：晉書輿服志引作「飲清」。目在腋下。案：續漢志補注引作「口在腋下」。〔九五〕貂内勁悍而外温潤。案：晉書輿服志引「温潤」作「柔縟」。貂蟬不見傳記者，因物論義。案：「者」上當有「說」字，「論」當作「生」。依續漢志補注引予覽戰國策，乃知趙武靈王胡服也。〔九六〕其後秦始皇破趙，得其冠，以賜侍中。高祖滅秦，亦復如之。孝桓末，案：北堂書鈔引有「孝桓」二字。侍中皇權參乘。問貂蟬何法，〔九七〕不知其說。復問地震，云不爲災。還宮，左遷議郎。續漢志補注、晉書輿服志、北堂書鈔設官部、初學記職官部、器物部、藝文

類聚職官部、太平御覽職官部、服章部

侍中冠武弁大冠，亦曰惠文冠。加金璫，附蟬爲文，貂尾爲飾，謂之貂蟬。初學記職官部〔九八〕

侍中，左蟬右貂，本秦丞相史，往來殿中，故謂之侍中。分掌乘輿服物，下至褻器虎子之屬。武帝時，孔安國爲侍中，以其儒者，特聽掌御（坐）唾壺，〔九九〕朝廷榮之。至東京時，屬少府，亦無員。駕出，則一人負傳國璽，操斬蛇劍乘。案：「乘」上當有「參」字，見通典。輿中官俱止禁中。案：「輿」當作「與」，見通典。後漢書獻帝紀注、太平御覽職官部

侍中秩千石。初學記職官部、太平御覽職官部　案：唐六典八引作「秩比二千石」。〔一〇〇〕續漢志補注引漢官秩「千石」。

侍中殿下稱制，出則參乘，佩璽抱劍。北堂書鈔設官部、文選恩倖傳論注、太平御覽職官部

漢成帝取明經者充爲侍中，使辟百官公卿，參議可正止殿，〔一〇一〕行則負璽。舊高取一人爲僕射，後改爲祭酒。北堂書鈔設官部

史丹爲侍中。元帝寢疾，丹以親密近臣得侍疾，候上閒獨寢時，丹直入卧內，頓首伏青蒲上。〔一〇二〕初學記職官部、太平御覽職官部

桓帝時，侍中迺存案：藝文類聚人部引作「刁存」。〔一〇三〕年老口臭，上出雞舌香與含之。〔一〇四〕雞舌香頗小，辛螫，不敢咀咽。自嫌有過，得賜毒藥，歸舍辭決，欲就便宜。家人哀泣，不知其故。

賴寮友諸賢聞其愆失，求視其藥，〔一〇五〕出在口香，咸嗤笑之，更爲吞食，其意遂解。存鄙儒，蔽于此耳。北堂書鈔設官部、初學記職官部、藝文類聚人部、太平御覽人事部、職官部、香部

侍中，周官。號曰常伯，選於諸伯，言其道德可常尊也。文選陳太邱碑注

侍中，周成王常伯任侍中。殿中稱制，出卽陪乘，佩璽抱劍。文選東京賦注、藉田賦注、安陸王碑注

漢官表曰：凡侍中、左右曹諸吏、散騎、中常侍，皆加官也。通典職官

漢因秦置侍中舍人。北堂書鈔設官部

中常侍，秦官也。漢興，或用士人，銀璫左貂。光武以後，專任宦者，右貂金璫。後漢書朱穆傳注、太平御覽服章部

給事黃門侍郎，六百石，無員。掌侍從左右，給事中使，關通中外。後漢書獻帝紀注

給事黃門侍郎，案：北堂書鈔、文選注引無「黃門」二字，下同。〔一〇六〕位次侍中，侍從左右，關通內外，給事於中，故曰給事案：太平御覽引下有「中」字黃門侍郎。獻帝置六員。北堂書鈔設官部、文選恩倖傳論注、太平御覽職官部

黃門侍郎，每日暮向青瑣門拜，謂之夕郎。後漢書獻帝紀注〔一〇七〕

給事中，秦官也。漢因之，無常員，皆爲加官。初學記職官部〔一〇八〕

漢武元鼎三年，初置散騎，俱掌問應對。世祖省之。案漢初有散騎侍郎，掌侍省，皆爲騎

郎，貲滿五萬爲常侍郎。〔一○九〕張釋之以貲爲常侍，蓋此官也。北堂書鈔設官部

秦及前漢置散騎及中常侍各一人。〔一一○〕散騎騎馬竝乘輿車，〔一一一〕獻可替否。北堂書鈔設官部、藝文類聚職官部、白帖七十三、太平御覽職官部、初學記職官部

秦置散騎，又置中常侍。漢因之，兼用士人，無〔常〕員，〔一一二〕多以爲加官。初學記職官部

黄門令，秩六百石。後漢書皇后紀注

黄門有畫室署，玉堂署，各有長一人。初學記職官部、太平御覽職官部

黄門冗從僕射一人，秩六百石。後漢書桓帝紀注

黄門鼓吹百四十五人。後漢書安帝紀注

暴室在掖庭內，丞一人，主宮中婦人疾病者。其皇后、貴人有罪，亦就此室也。後漢書皇后紀注

永巷令一人，宦者爲之，秩六百石，掌宮婢侍使。後漢書靈帝紀注

濯龍監，六百石。續漢志補注　案：此條本引作「應劭漢官秩」。

中黄藏府，掌中幣帛金銀諸貨物也。後漢書桓帝紀注〔一一三〕　案：續漢志「中藏府令一人，六百石。本注曰：掌中幣帛金銀諸貨物」。此衍「黄」字。

內者，署名，令一人，秩六百石，屬少府。後漢書梁商傳注

內者，主帷帳。後漢書皇后紀注

朔平署司馬一人。後漢書桓帝紀注　案：朔平署不見於續漢志。

尚書令主贊奏，總典綱紀，〔二四〕無所不統，秩千石。故公爲之〔者〕，〔二五〕朝會不陛奏事，增秩二千石。天子所服五時衣賜尚書令。其三公、列卿、〔大夫〕、五營校尉行複道中，遇尚書〔令〕、僕射、左、右丞，〔二六〕皆廻車豫避。案：初學記職官部又引「尚書官出，百官寮皆迴車避也」。〔二七〕衞士傳不得紆臺官，〔二八〕臺官過，乃得去。唐六典一、太平御覽職官部

尚書令、侍中上東、西寺及侍中寺。初學記職官部

尚書令，秦官，銅印墨綬。案：初學記一引作「漢初竝用士人爲尚書令，秩二千石」，與此異。又案：「墨」當作「青」，見通典職官，與後漢書輿服志合。每朝會，案：唐六典引有此三字。與司隸校尉、御史大夫中丞，案：唐六典、太平御覽引無「大夫」二字。皆專席坐，京師號曰三獨坐，言其尊重如此。唐六典一、初學記職官部兩引、藝文類聚禮部、太平御覽職官部

漢舊置中書官，領尚書事。北堂書鈔設官部〔二九〕

僕射秩六百石，公爲之，加至二千石。唐六典一

獻帝建安四年，始置左、右僕射，以執金吾營部爲左僕射，〔三〇〕衞臻爲右僕射。文選王文憲集序注

尚書，唐、虞官也。書曰：「龍作納言，朕命惟允。」〔三一〕案：藝文類聚、白帖引俱有此四字。詩曰：「惟

仲山甫，王之喉舌。宣王以中興。」秦改稱尚書。漢亦尊此官，典機密也。北堂書鈔設官部、藝文類聚職官部、白帖十七、太平御覽職官部

漢明帝詔曰：「尚書蓋古之納言，出納朕命。機事不密則害成，可不慎歟！」北堂書鈔設官部、藝文類聚職官部、太平御覽職官部

尚書四員，武帝置，成帝加一爲五。有〔常〕侍曹尚書，〔三〕主丞相御史事；二千石尚書，主刺史、二千石事；户曹尚書，主人庶上書事；主客尚書，主外國四夷事；成帝加三公尚書，主斷獄事。後漢書光武紀注

尚書秩五百石，次補二千石。唐六典二

初秦代少府，遣吏四（一）〔人〕在殿中，〔三〕主發書，故號尚書。尚猶主也。漢因秦置之。故尚書爲中臺，謁者爲外臺，御史爲憲臺，謂之三臺。初學記職官部、文選潘正叔贈王元貺詩注、袁紹檄豫州注〔一四〕

尚書左丞、右丞，秩各四百石，遷刺史。太平御覽職官部

尚書令、左丞，總領綱紀，無所不統。僕射、右丞，掌廩假錢穀。唐六典一

左、右丞久次郎補也。北堂書鈔設官部　案：引作「侍臣上注」。

左、右曹受尚書事。前世文士，以中書在右，因謂中書爲右曹，又稱西掖。初學記職官部兩

引，〔一二五〕太平御覽職官部

尚書郎四人：一人主匈奴單于營部，一人主羌夷吏民，一人主案：「吏民」二字當在此下，見通典。天下戶口土田墾作，一人主錢帛貢獻委輸。北堂書鈔設官部、太平御覽職官部

尚書郎，初從三署郎選詣尚書臺試。每一郎缺，則試五人，先試箋奏。初入臺，稱郎中，滿歲稱侍郎。〔一二六〕初學記職官部

尚書郎初上詣臺，稱守尚書郎。滿歲稱尚書郎中。三年稱侍郎。太平御覽職官部

郎以孝廉年未五十，先試牋奏。初上稱郎中，滿歲爲侍郎。北堂書鈔設官部

尚書郎，初入臺爲郎中，滿歲稱爲侍郎，五歲遷太尉也。北堂書鈔設官部

能通蒼頡史篇，案：通典引作「史籍」。〔一二七〕補蘭臺令史。滿歲補尚書令史。滿歲爲尚書郎。出亦與郎同，宰百里。郎與令史分職受書。〔一二八〕令史見僕射、尚書，執板拜；見丞、郎，執板揖。唐六典一、通典職官、太平御覽職官部

尚書郎見左、右丞，對揖無敬。北堂書鈔禮儀部〔一二九〕

丞、郎見令、僕射，執板拜，朝賀對揖。丞、郎見尚書，執板對揖，稱曰明時。案：當云「執板揖」，無「對」字，見通典。郎見左、右丞，對揖呼曰左、右君。唐六典一、初學記職官部

尚書郎主作文書起草，夜更直五日于建禮門內。〔一三〇〕初學記職官部、白帖七十二、太平御覽職官部

尚書郎給青縑白綾被，以錦被，〔一三一〕帷帳、氈褥、通中枕，太官供食，湯官供餅餌五熟果實，下天子一等。給尚書史二人，女侍史二人，案：初學記引作「入直臺廨中，給女侍史二人」。皆選端正。從直女侍執香爐燒薰從入臺護衣，〔一三二〕奏事明光殿。省皆胡粉塗畫古賢人烈女。郎握蘭含香，趨走丹墀奏事。黃門郎與對揖。天子五時賜服。案：北堂書鈔引作「賜珥，赤管大筆一雙，分墨一丸」。〔一三三〕若郎處曹二年，賜遷二千石、刺史。北堂書鈔設官部、初學記職官部、太平御覽職官部

尚書郎奏事明光殿，省中皆胡粉塗壁，其邊以丹漆地，故曰丹墀。尚書郎含雞舌香，伏其下奏事。黃門侍郎對揖跪受。太平御覽職官部　案：引作「漢官」。〔一三四〕

尚書令、僕、丞、郎月給赤管大筆一雙，篆題曰「北工作」，案：太平御覽引作「一宮工作」，無下文十一字。〔一三五〕楷」於頭上，象牙寸半著筆下。藝文類聚雜文部、太平御覽文部

尚書令、僕、丞、郎月賜渝麋大墨一枚，小墨一枚。〔一三六〕初學記文部

曹郎二人，掌天下歲盡集課。有尚書曹郎，有考功郎中一人。〔一三七〕唐六典二

明帝時，〔一三八〕館陶公主爲子乞郎，不許，賜錢千萬。上曰：「夫郎上應列宿，出居百里，使非其人，民受其傷。」故時稱明慎之至也。北堂書鈔設官部

漢制：八座丞郎初拜，竝集都座交禮，〔一三九〕遷又解交。唐六典一、初學記職官部、太平御覽職官部

周禮有典瑞掌節之士，蓋所以宣命重威，爲國信者也。北堂書鈔設官部

御史中丞二人，本御史大夫之丞。其一別在殿中，兼典蘭臺秘書。外督部刺史，內領侍御史，受公卿章奏，糾察百寮。〔一四〇〕後漢書周紆傳注、初學記職官部、太平御覽職官部　案：周紆傳注引「寮」作「司」。

御史，秦官也。案：周有御史，掌邦國都鄙，及萬民之治，令以贊冢宰。北堂書鈔設官部、太平御覽職官部　案：引皆曰「漢官儀侍臣下曰」，蓋其篇名也。

侍御史，周官也，爲柱下史，冠法冠。一曰柱後，〔一四一〕以鐵爲柱。〔一四二〕或說古有獬豸獸，觸邪佞，〔一四三〕故執憲者以其角形爲冠耳。余覽奏事云：案：「奏」當作「秦」，見通典。〔一四四〕始皇滅楚，以其君冠賜御史。漢興襲秦，因而不改。後漢書何敞傳注、初學記職官部、服食部、〔一四五〕太平御覽職官部、服章部

柱史以鐵爲冠。張武曰：「當以柱史惠文冠治之。」〔一四六〕錦繡萬花谷十一

柱後冠，〔一四七〕左傳「南冠而縶」，則楚冠也。秦滅楚，以其冠賜近臣，御史服之，卽今獬豸冠也。古有獬薦獸，案：此「豸」、「薦」二字，皆當作「廌」。觸不直者。故執憲以其形用爲冠，令觸人也。左氏正義成公

柱下史，老聃爲之。秦改爲御史。柱下史一名柱後，史謂冠以鐵爲柱，言其審案：當有「固」字。不橈也。〔一四八〕北堂書鈔設官部

侍御史出督州郡賦稅，運漕軍糧。侍御史至後漢，復有護漕都尉官，建武七年省。通典職官

老子爲周柱下史。張蒼秦時爲御史，主柱下方書，侍御史之任也。〔一四九〕初學記職官部

治書侍御史，宣帝嘗幸宣室，齋居而決獄事，令侍御史二人治書。後置，秩六百石，印綬與符璽郎共，平治廷尉奏事。北堂書鈔設官部

蘭臺令史六人，秩百石，掌書劾奏。後漢書班固傳注　案：續漢志蘭臺令史秩六百石。

執金吾比二千石，丞六百石。續漢志補注〔一五〇〕　案：此條引作「漢官秩」。

執金吾典執金革，以禦非常。北堂書鈔設官部

吾，禦也，掌執金革，以禦非常。緹騎二百案：當有「人」字。〔一五一〕五十人，案：當作「五百二十人」，見續漢書志補注、通典。此「五百」者，伍伯也。輿馬導從，充滿于路。〔一五二〕世祖微時歎曰「仕宦當作執金吾」是也。續漢志補注、太平御覽職官部　案：引作「漢官」。太平御覽又作「宰尹下」。

執金吾屬官府武庫令丞，案：「府」當作「有」，見續漢書志補注。從騎二百人，案：後漢書竇憲傳注、張酺傳注引作「緹騎」。持戟五百二十人，輿服導從，光滿道路，羣僚之中，斯最壯矣。中興以來，但專徼循，不預國政。北堂書鈔設官部〔一五三〕

執金吾，車駕出，從六百騎，走六千二百人也。北堂書鈔設官部

靜室令、式道候，秦官也。靜宮令，車駕出，在前驅，靜清所徼車逆日，以示重慎也。式道左

右凡三，惟車駕出，迎式道持麾王宮，行之乃閉。北堂書鈔設官部　案：續漢書志「執金吾」下本注云「本有式道左右中候三人，六百石。車駕出，掌在前清道，還持麾至宮門，宮門乃開」云云。此所引多譌，當依彼訂。

太子太傅，日就月將，琢磨玉質。言太子有玉之質，琢磨以道也。文選陸士衡侍宴宣猷堂詩注、劉越石勸進表注、王元長曲水詩序注、太平御覽職官部

詹事，秦官也。詹，省也，給也。秩二千石。廣韻二十四鹽注、〔一五四〕藝文類聚職官部、白帖七十一、太平御覽職官部

帝祖母爲太皇太后，其所居曰長信宮。〔一五五〕文選齊敬皇后哀策文注

帝祖母稱長信宮，帝母稱長樂宮，故有長信少府、長樂少府及職吏，〔一五六〕皆宦者爲之。後漢書皇后紀注

永樂太僕，用中人爲之。後漢書皇后紀注

太子舍人、王家郎中，案：侯霸傳注引「王家郎中」作「選良家子孫」，與續漢志補注引漢官同。又案：通典云：「比郎中，選良家子孫。」續漢書志云：「更直宿衛，如三署郎中。」此有譌脫。竝秩二百石，無員。後漢書靈帝紀注、侯霸傳注

皇太子五日一至臺，因坐東廂，省視膳食，以法制勑大官尚食宰吏。其非朝日，〔一五七〕使僕、中允〔旦旦〕請問，〔一五八〕明不媟黷，所以廣敬也。太子僕一人，秩千石；中允一人，四百石，主

門衛徼巡。後漢書班彪傳注

安帝時，太子謁廟，門大夫乘從，兩梁冠。通典職官

門大夫選四府掾屬。通典職官

將作大匠，世祖中興，以謁者領其官。章帝建初元年，乃置真，位次河南尹。永元七年，〔一五九〕案：續漢志補注引漢官作「永元十年」。大匠應慎上言：「百郡計吏，觀國之光，而舍逆旅，崎嶇私館，貢篚之物，朽濕曝露。〔一六〇〕昔晉國霸之盟主耳，〔一六一〕舍諸侯于隸人，鄭子産以爲大譏。況今四海之大，而可無乎？」和帝嘉納之，即創業焉。續漢志補注、藝文類聚職官部、太平御覽職官部

左校署，屬將作大匠。後漢書皇甫規傳注

洛陽十二門，東面三門。最北〔門〕名上東門，〔一六二〕次南曰中東門。每門校尉一人，秩二千石；司馬一人，秩千石；候一人，秩六百石。後漢書張湛傳注、張奮傳注

平城門爲宮門，不置候，置屯司馬，秩二千石。〔一六三〕續漢志補注 案：此條引作「漢官秩」。

十二門皆有亭。後漢書皇后紀注

上西門所以不純白者，漢家戹於戌，案：續漢志補注引作「漢家初戌」，故以丹漆鏤之。續漢志補注、太平寰宇記河南道 案：續漢志補注引作「故丹鏤之」。

開陽門始成，未有名，夜案：續漢志補注引「夜」作「宿昔」。有一柱來止樓上。〔一六四〕琅邪開陽縣上言，

縣南城門一柱飛去。光武皇帝使來識視之，良是，案：續漢志補注引「良是」作「悵然」。遂堅縛之，因刻記其年月，〔一六五〕以名門焉。後漢書循吏傳注、續漢志補注、水經注穀水、太平寰宇記河南道兩引、文選懷舊賦注、太平御覽居處部

屯騎、越騎、步兵、射聲各領士七百人。長水領士（七）千三百六十七人。〔一六六〕後漢書安帝紀注

驍騎，漢官也。武帝以李廣爲之。後世祖建武九年始改屯騎。北堂書鈔設官部

越騎司馬一人，秩千石。後漢書鄭衆傳注

步兵校尉比二千石，掌宿衞兵，屬北軍中候。後漢書皇后紀注

司隸校尉部河南、內、案：「內」上當有「河」字。〔一六七〕右扶風、左馮翊、京兆、河東、弘農七郡案：後漢書魯恭傳注引作「董領京師及三輔、三河、弘農」。段熲傳注引作「部河南洛陽，管三輔、三河、弘農七郡」。〔一六八〕於河南洛陽，故謂東京爲司隸。後漢書光武紀注

司隸校尉，征和中，陽石子孫敬聲案：「子」當作「公」。〔一六九〕巫蠱之獄，乃依周禮，置司隸校尉，持節都督大姦猾事，復置其司。今董領京師、三輔、三河、弘農者。北堂書鈔設官部

司隸校尉糾皇太子、三公以下，及旁州郡國無不統。陛下見諸卿，〔一七〇〕皆獨席。太平御覽職官部

司隸校尉初置，唯（寔領）〔寬饒〕、〔一七一〕王章、鮑宣糾上檢下，嚴刑必斷，貴戚憚之，京師政

清。北堂書鈔設官部

司隸都官從事，主洛陽百官，朝會與三府掾同。後漢書竇武傳注、北堂書鈔設官部 案：北堂書鈔引作「掌洛陽中百姓」。

司隸功曹從事，卽治中也。後漢書傅燮傳注、太平御覽職官部

別駕秩百石，同諸郡從事。〔一七二〕北堂書鈔設官部

河南尹所治，周地也。洛陽本周城，案：「周城」當作「成周」。〔一七三〕周之衰微，分爲西周。案：「西」上當有「東」字。東周洛陽，西周河南。〔一七四〕秦兼天下，置三川守，河、雒、伊也。案：藝文類聚引「河、雒、伊」作「洛陽、伊」，誤。〔一七五〕漢更名河南。孝武皇帝增曰太守。世祖中興，徙都雒陽，改號爲尹。尹，正也。詩曰「赫赫師尹」。藝文類聚地部、職官部、太平御覽職官部

尹，正也。郡府聽事壁諸尹畫贊，肇自建武，訖于陽嘉。注其清濁進退，所謂不隱過，不虛譽，甚得述事之實。後人是瞻，足以勸懼，雖春秋采毫毛之善，貶纖介之惡，〔一七六〕不避王公，無以過此，尤著明也。續漢志補注

仁恕掾，主獄，屬河南尹。後漢書魯恭傳注

周監二代曰伯。漢興，海內未定，令刺史舉州事。北堂書鈔設官部

孝武皇帝南平百越，北攘夷狄，置交阯、朔方之州，復徐、梁之地，改雍曰梁，改梁曰益，凡十

三州。所以交、朔獨不稱州，明示帝王未必相襲，始開北方，遂交南方，〔一七七〕爲子孫基阯也。後漢書光武紀注、太平御覽職官部〔一七八〕

孝武元封四年始，〔一七九〕御史丞相之遷部刺史十三人，乘驛奏事。北堂書鈔設官部

朱博言：「刺史督察郡國，從來故事，居九歲，案：「居」下當有「部」字。爲守相。」北堂書鈔設官部

翟方進奏：「刺史位下大夫，而臨二千石，輕重失次，請罷署牧，〔一八〇〕案：「署」當作「置」，見通典所載何武與翟方進奏。秩二千石者也。」北堂書鈔設官部

元帝時，丞相于定國條州大小，爲設吏員，治中、別駕、諸部從事，秩皆百石，同諸郡從事。北堂書鈔設官部、太平御覽職官部

秦用李斯議，分天下爲三十六郡。凡郡，或以列國，陳、魯、齊、吳是也；或以舊邑，長沙、丹陽是也；或以山陵，〔一八一〕太山、山陽是也；或以川源，西河、河東是也；或以所出，金城城下有金，酒泉泉味如酒，案：初學記州郡部、藝文類聚水部、太平御覽地部引「酒泉城下有金泉，泉味如酒，故曰酒泉」。豫章章樹生庭中，〔一八二〕案：水經注贛水、太平御覽木部俱引此句。鴈門鴈之所育是也；或以號令，禹合諸侯，大計東冶之山，會稽是也。水經注河水、太平御覽州郡部

京兆，絕高曰京。京，大也。十億曰兆，欲令帝都殷盈也。左輔右弼，蕃翊承風也。張掖，始開垂，張臂掖也。太平御覽州郡部　案：後漢書明帝紀注引「張國臂掖，故曰張掖」。

馮輔蕃翊，故以爲名。太平御覽州郡部

弘，大也，所以廣大農業也。太平御覽州郡部

濟南、樂安、齊國、東萊、平原、北海六郡，青州所管也。青州在齊國臨淄。後漢書史弼傳注

荆州管長沙、零陵、桂陽、南陽、江陵、案：「陵」當作「夏」。武陵、南郡、案：續漢書志荆州郡七，此上是也。下章陵乃南陽縣，中有脱文。〔一八三〕章陵。後漢書劉表傳注

大府秩二千石。丞一人，邊郡稱長史，皆六百石。丞者，丞也。長史，衆史之長。北堂書鈔設官部

都尉，秦官也。本名郡尉。掌佐太守，典其武職，秩比二千石。孝景時更名都尉。後漢書彭修傳注

秦郡有尉一人，典兵禁，補盜賊。案：「補」當作「備」，見續漢書志。〔一八四〕景帝更名都尉，建武（十）〔六〕年省，惟邊郡〔往往〕置都尉及屬國都尉。〔一八五〕後漢書桓帝紀注

京兆虎牙、扶風都尉案：耿恭傳注引有「郡比二千石」五字。〔一八六〕以涼州近羌，數犯三輔，將兵衛護園陵。扶風都尉居雍縣，故俗人稱雍營焉。後漢書安帝紀注、耿恭傳注、竇憲傳注、南匈奴傳注

蓋天生五材，民竝用之，廢一不可，誰能去兵？兵之設尚矣。易稱「弦木爲弧，剡木爲矢，弧矢之利，以威天下」。春秋「三時務農，一時講武」。詩美公劉，「匪居匪康，入耕出戰，乃裹餱

糧，干戈戚揚，四方莫當」。自郡國罷材官騎士之後，官無警備，實啟寇心。一方有難，三面救之，發興雷震，煙蒸電激，一切取辦，黔首囂然。不及講其射御，用其戒誓，一旦驅之以即強敵，猶鳩鵲捕鷹鸇，豚羊弋豺虎，是以每戰常負，王旅不振。張角懷挾妖偽，遐邇搖蕩，八州並發，煙炎絳天，牧守梟裂，流血成川。爾乃遠徵三邊殊俗之兵，非我族類，忿鷙縱橫，多僵良善，以為己功，財貨糞土。哀夫民氓遷流之咎，見出在茲。「不教而戰，是謂棄之」，跡其禍敗，豈虛也哉！春秋家不藏甲，所以一國威抑私力也。今雖四海殘壞，王命未洽，〔可〕折衝壓難，〔一八七〕若指於掌，故置右扶風。案：此下當脫文。續漢志補注

世祖中興，海內人民可得而數，裁十二三。邊陲蕭條，靡有孑遺，鄣塞破壞，亭隊絕滅。建武二十一年，始遣中郎將馬援、謁者，分築烽候，堡壁稍興，立郡縣十餘萬戶，案：二字有譌。或空置太守、令、長，招還人民。上笑曰：「今邊無人而設長吏治之，難如春秋素王矣。」乃建立三營，屯田殖穀，弛刑謫徒以充實之。續漢志補注

高祖命天下郡國選能引關蹶張、材力武猛者，以為輕車、騎士、材官、樓船，常以立秋後講肄課試，〔一八八〕各有員數。平地用車騎，山阻用材官，水泉用樓船。後漢書光武紀注

民年二十三為正，一歲以為衛士，一歲為材官騎士，習射御騎馳戰陣。八月，太守、都尉、令、長、相、丞、尉會都試，課殿最。水家為樓船，亦習戰射行船。邊郡太守各將萬騎，行鄣

塞烽火追虜。置長史一人，丞一人，〔一八九〕治兵民。當兵行長領。置部尉、千人、司馬、候、農都尉，皆不治民，〔一九〇〕不給衛士。材官、樓船年五十六老衰，乃得免爲民就田。應合選爲亭長。亭長課徼巡。尉、〔游徼、亭長〕皆習設備五兵。〔一九一〕五兵：弓弩，戟，楯，刀劍，甲鎧。鼓吏赤幘行縢，帶劍佩刀，持楯被甲，設矛戟，習射。設十里一亭，亭長、亭候。五里一郵，郵閒相去二里半，司姦盜。亭長持二尺版以劾賊，索繩以收執賊。續漢志補注　案：此條亦見漢舊儀。

督郵、功曹，郡之極位。後漢書張酺傳注

孝廉，古之貢士，耆儒甲科之謂也。北堂書鈔設官部

孝廉年未五十，先試箋奏。初上試之以事，非試之以誦也。北堂書鈔設官部

孝武元封四年詔曰：「上士，貢名，茂才者是也。」北堂書鈔設官部

元朔元年，詔二千石舉孝廉，以化風俗。北堂書鈔設官部

元朔元年，詔曰：「深詔執事，興孝廉，成風俗，紹聖緒。」北堂書鈔設官部

和帝詔曰：「大郡口五十萬，舉孝廉二人。」北堂書鈔設官部

前書百官表云：萬户以上爲令，萬户以下爲長。三邊始孝武皇帝所開，縣户數百而或爲令。荆揚江南七郡，惟有臨湘南昌吴三令爾。及南陽穰中，土沃民稠，四五萬户而爲長。桓帝時，以（江）〔汝〕南陽安爲女公主邑，〔一九二〕改號爲令，主薨復復其故。若此爲繫其本。俗説

令長以水土爲之，及秩高下，皆無明文。班固通儒，述一代之書，斯近其真。續漢志補注明帝臨觀，見洛陽令車騎，意河南尹，及至而非，尤其太盛，敕去軒綴。時偃師長治有能名，以事詣臺，因取賜之，下縣遂以爲故事。通典職官、太平御覽職官部

大縣丞、左右尉，所謂命卿三人。小縣一尉、一丞，命卿二人。續漢志補注、通典職官、太平御覽職官部

北邊郡庫，官之兵器所藏，故置令。漢書成帝紀注、河間獻王傳如淳注〔一九三〕

使匈奴中郎將，擁節，秩比二千石。後漢書光武紀注

使匈奴中郎將屯西河美稷縣。後漢書光武紀注

擁節，屯中步南，設官府掾史。單于歲遣侍子來朝，謁者常送迎焉，得賂弓馬氈罽他物百餘萬。謁者事訖，還具表付帑藏，詔書敕自受。續漢志補注

護烏桓校尉，孝武帝時，烏桓屬漢，始于幽州置之，擁節監領，秩比二千石。太平御覽職官部

烏桓校尉屯上谷〔郡〕（密）〔寧〕縣。〔一九四〕後漢書張奐傳注

擁節。長史一人，司馬二人，皆六百石。并領鮮卑。客賜質子，歲時胡市馬。續漢志補注　案：此屬烏桓校尉。

護羌校尉，〔一九五〕武帝置，秩比二千石，持節，以護西羌。王莽亂，遂罷。時班彪議，〔一九六〕宜復

其官，以理冤結。帝從之，以牛邯爲護羌校尉都，〔一九七〕于隴西令居縣。後漢書光武紀注
擁節。長史、司馬二人，皆六百石。續漢志補注　案：此屬護羌校尉。「史」字下亦當有「一人」二字。

戊己，中央，〔一九八〕鎮撫四方。又開渠播種，以爲厭勝，故稱戊己焉。後漢書明帝紀注、西域傳注　案：戊己校尉不見于續漢志。

西域都護，武皇帝始開通西域三十六國，其後稍分至五十餘國，置使者、校尉以領護之。宣帝神雀三年，改曰都護，秩二千石。平帝時省都護，令戊己（都護）〔校尉〕領之。〔一九九〕太平御覽職官部

馬曰羈，牛曰縻。言制四夷如牛馬之受羈縻也。史記司馬相如列傳索隱、文選難蜀父老注

諸侯功德優盛，朝廷所敬異者，賜位特進，在三公下；其次朝廷，案：「廷」當作「侯」。〔二〇〇〕在九卿下；其次侍祠侯；其次下土小國侯，案：續漢書志無此句。似當云「無土關內侯」。以肺腑親公主子孫，奉墳墓于京師，亦隨時朝見，是爲隈諸侯。案：「隈」當作「猥」。後漢書和帝紀注、鄧禹傳注

皇后父兄，率爲特進侯，朝會位次三公。故章帝啟馬太后曰：「漢典：舅氏之封侯，猶皇子之爲王。」其功臣四姓爲朝侯、侍祠侯，皆在卿校下。通典職官

天子建侯，上法四七。後漢書劉瑜傳注

伯使，主爲諸侯官驅，使避路于道陌中，故言伯使。通典職官引云「漢官中有伯使」云云。

太保，俸月三百五十斛。唐六典一

中二千石，俸月百八十斛。史記外戚世家索隱

二千石，〔二〇一〕其俸月百二十斛。史記外戚世家索隱

斗食月俸十一斛，〔二〇二〕佐史月俸八斛。漢書百官公卿表注、通典職官　案：引皆作「漢官名秩簿」。

張敞、蕭望之言曰：「夫倉廩實而知禮節，衣食足而知榮辱。今小吏俸率不足，常有憂父母妻子之心，雖欲潔身爲廉，其勢不能。請以什率增天下吏俸。」宣帝乃益天下吏俸什二。通典職官

范遷字子閭，〔二〇三〕沛人也。後漢書明帝紀注、牟融傳注　案：凡引人名，皆舉其官，今不能知者，總附于此。

王敏字叔公，并州隰城人也。後漢書明帝紀注

尹睦字伯師，河南鞏（州）人也。〔二〇四〕後漢書和帝紀注、張酺傳注

梁鮪字伯元，河東平陽人也。後漢書殤帝紀注、魯恭傳注

周章字次叔，荆州隨縣人也。後漢書安帝紀注

李修字伯游，豫州襄城人也。後漢書安帝紀注、虞詡傳注、李膺傳注

劉授字孟春，徐州武原人也。後漢書安帝紀注、楊震傳注

呂蓋字君上，范陵人。〔二〇五〕後漢書魯恭傳注

許訓字季師，平輿人。後漢書劉寬傳注

宋俱字伯儷。後漢書宋均傳注

陶敦字文理，京兆人也。〔二〇六〕後漢書虞詡傳注

劉矩字叔方。後漢書皇甫規傳注

尹訟字公孫，〔二〇七〕鞏人也。後漢書段熲傳注

樊陵字德雲。後漢書李膺傳注

劉弘字子高，安衆人。後漢書董卓傳注

校勘記

〔一〕類聚卷四六「密令」下引有「南陽」二字。

〔二〕孔本書鈔卷五二引無「前密令卓茂」五字，又「純固」下有「斷斷無他技，其心休休焉」十字。

〔三〕孔本書鈔卷五二有「夫士」二字。又「名冠」上有「則」字，「重賞」作「之大賞」。

〔四〕後漢書卓茂傳作「褒德侯」，袁紀亦同。而此引則與東觀漢記、續漢書同。

〔五〕後漢書作中元二年夏四月丙辰詔。

〔六〕孔本書鈔卷五二引作漢官儀。孫案乃沿陳本之訛。

〔七〕後漢書作章和二年三月庚戌竇太后詔。

〔八〕書鈔卷五二、初學記卷一一、御覽卷二〇六「其」均作「今」，而書鈔卷五九、類聚卷四八、御覽卷二一〇則作「其」，後漢書亦同。孫輯作「其」，當是。又孔本書鈔卷五二、初學記卷一一均作「太傅」，唯類聚卷四八作「太尉」，孫案非。

〔九〕孔本書鈔卷五二「庶得」上有「朕」字，後漢書亦然。

〔一〇〕孔本書鈔卷五二「策」下有「書」字。

〔一一〕孔本書鈔卷五九「張禹」上有「太尉」二字。又卷五二引作「太傅」，則非。

〔一二〕袁紀卷一九作建康元年秋八月庚午詔，疑書鈔引誤。

〔一三〕御覽卷二〇七引作「趙峻貳掌樞衡」，類聚卷四六作「二世掌典機衡」，又卷四八引「掌」作「常」，餘同；初學記卷一一作「二世掌樞衡」。諸引雖有異，然作二世典掌樞衡則同。按後漢書順、沖帝紀，趙峻於順帝漢安元年十一月壬午任太尉，沖帝卽位，仍任太尉，此詔下始轉任太傅，則二世典掌樞衡明矣。嚴可均初稿此引從御覽卷二〇七而録，見全後漢文，甚是。孫氏改從書鈔卷五九作「三世」，失考。

〔一四〕孔本書鈔卷五九「之心」作「其心」，類聚卷四八亦同。又書鈔卷五一此句引作「有若匪石不可轉其心也」。

〔一五〕孔本書鈔卷五九引作「忠真」，類聚卷四八作「忠貞」，而初學記卷一一、御覽卷二〇七則均作「忠正不撓」。

〔一六〕此引乃徐堅綜合前引「太傅，古官也」，及下引「太師，古官也」，「太保，古官也」三句而成，已非漢官儀之舊。

〔一七〕據漢書孔光傳、百官公卿表所載，光任太師於元始元年，而太后下詔則在王莽號宰衡之後，即元始四年。四、元形近易訛，諸引恐皆誤。

〔一八〕孔本書鈔卷五二作「不遺耇老」，漢書孔光傳亦同，恐當以此爲正。

〔一九〕此「元年」亦當作「四年」，説詳前注。

〔二〇〕孔本書鈔卷五二「太師」下引有「光」字。

〔二一〕書鈔卷五二引作漢書儀，而類聚卷四六、御覽卷二〇六引作漢官。

〔二二〕「容」點校本續漢志補注作「受」，御覽卷二〇七作「授」，孫輯與汲本、殿本同。

〔二三〕御覽卷二〇七「卽」下引有「見」字。

〔二四〕御覽卷二〇七「臨」上引有「帝」字。

〔二五〕點校本續漢志補注、御覽卷二〇七「見皆」均作「光覲」。

〔二六〕御覽卷二〇九「助成」作「助和」，孔本書鈔卷六八亦作「和」。

〔二七〕點校本後漢書王霸傳注作漢舊儀之文。

〔二八〕諸本續漢百官志補注均引作「三十人」，據改。

〔二九〕此漢儀乃蔡質漢官典職儀式選用之文。

〔三〇〕此引首見于續漢志補注，「有」上引有「府」字。嚴氏稿有此出處，孫氏誤删之。

〔三一〕據後漢書范滂傳注補「掾」字。續漢志補注引應劭曰，亦有「掾」字。

〔三二〕孔本書鈔卷五〇「州郡」下引有「事」字。

〔三三〕通典卷二〇引作「自瓌者謂之輔」。

〔三四〕通典卷二〇「贊」下有「拜」字，疑此脱。

〔三五〕據後漢書鮑昱傳注删「稱」字。

〔三六〕後漢書和帝紀注引作「經明行修，能任博士」，御覽卷六二八引亦同。

〔三七〕後漢書和帝紀注、御覽卷六二八「明達法令」均作「明曉法律」，「文中」作「文任」。

〔三八〕後漢書和帝紀注、御覽卷六二八「明足以決」均作「明足照姦，勇足決斷」。

〔三九〕後漢書和帝紀注、御覽卷六二八「皆有」引作「皆存」，「廉公」引作「清公」。

〔四〇〕後漢書竇憲傳注「幽」下引有「冀」字，後漢書南匈奴傳注亦同。而通鑑卷四五胡三省注有「冀」無「并」。又「驕」原誤作「驕」，據諸引而改。

〔四一〕孔本書鈔卷五一「趙王」下引有「乃」字，又引書作漢官。

〔四二〕此引又見類聚卷六八，孫輯脱注。

〔四三〕漢書有百官公卿表，東觀漢記有百官表，皆不稱志。稱百官志者，自謝承後漢書始，然應劭不得而見之。疑原引有誤。俞安期唐類函删「是以」以下，或近其真。

〔四四〕黄山校補曰：「柳從辰曰：『據紀，事在永平八年，故志以爲明帝初。「十」字衍。』今按：史無紀年不著年號者，葢注實闕『永』字，『平』字亦殘其半，遂譌爲『十』字也。」黄説是。

〔四五〕初學記卷一二、御覽卷二二八「齋有疾」引作「恒齋」。據下文謡諺，恐當以作「恆齋」爲是。

〔四六〕御覽卷二二八「被病」引作「瘦弱」。

〔四七〕「收」原作「取」，初學記卷一二、類聚卷四九、御覽卷二二八均引作「收」，據改。

〔四八〕「論」原作「議」，據初學記卷一二、類聚卷四九、御覽卷二二八引改。

〔四九〕此引又見後漢書儒林傳注，孫輯脱注。

〔五〇〕據御覽卷二三五引删「掌」字。

〔五一〕王先謙後漢書集解曰：「官本『玄』作『互』，是。」王説是。

〔五二〕點校本後漢書竇武傳注「而」引作「以」。

〔五三〕類聚卷四六、御覽卷二三六「辨」均作「辯」。此引又略見於書鈔卷六七，作「辨」。陳本作漢舊儀之文，故孫氏分入兩書，而孔本則作漢官儀。按之類聚、御覽，恐當以作漢官儀之文爲是。

〔五四〕後漢書朱浮傳注「差次」作「差選」。又下引後漢書徐防傳注亦作「差選」。

〔五五〕後漢書點校本校勘記曰：「集解引惠棟説，謂注『世』别本作『卅』，音先合反。今按：通典卷二十七引後漢督郵狀作『三十六屬』，則『世』字當作『卅』。因版刻『世』字往往作『世』，與『卅』形近而誤。」其説是。

〔五六〕後漢書徐防傳注引作漢官。

〔五七〕唐六典作漢儀之文。

〔五八〕唐六典作漢官之文。

〔五九〕後漢書段熲傳注引無「憲陵園」、「陽陵」等字。其原意指凡帝后陵園丞，秩皆三百石，令秩六百石，非有專指。孫氏所補非是。

〔六〇〕據御覽卷二二九改「六」作「禄」。

〔六一〕初學記卷一二引應劭曰作「舉不失德」，當是。

〔六二〕點校本後漢書張霸傳注作「見漢官」。

〔六三〕唐六典引作漢官。

〔六四〕「此爲四行」四字乃李賢之語。首句當依後漢書吴祐傳注作「光禄舉四行」爲是。

〔六五〕據初學記卷一一叙事删「外」字。

〔六六〕郎中令，秦時置。漢初因而未改，至武帝太初元年更名光禄勳。中興後，仍名光禄勳，百官志載之甚明。應劭叙漢官，上溯西京之制，用其舊稱耳。故非續漢志無郎中令也。又「羽林郎」之「郎」字，原在「虎賁」下，「爲之長」之「長」字上，原有「令」字，孫輯或改或删，甚是。

〔六七〕後漢書和帝紀注「左、右署」下有「也」字。

〔六八〕後漢書光武帝紀、南匈奴傳均作建武二十六年事，疑原引誤。

〔六九〕後漢書順帝紀注、御覽卷二四一均作「三百人」，尚書牧誓亦同。孫輯所據本誤。

〔七〇〕孔本書鈔卷六三亦引作「更名虎賁中郎將」。

〔七一〕孔本書鈔卷六三、初學記卷二六均引有「插」字。

〔七二〕「初學記服食部」乃「初學記器物部」之誤。

〔七三〕初學記卷二七、御覽卷八一五「虎賁中郎將」下均有「古官」二字。又此上御覽服章部僅有一引，即卷六九五所引。另一引見卷六九一，乃董巴輿服志之文，孫注誤。

〔七四〕「禦侮」二字原誤倒，「別」亦譌作「列」，皆據御覽卷二四二引以改。

〔七五〕「九麌」見廣韵卷三。

〔七六〕劉攽東漢書刊誤卷四曰：「文云丞、尉小縣三百石，其次四百石已足，不當更有丞、尉字。」點校本據刪，甚是，今從之。

〔七七〕孔本書鈔卷五六引作「詩」。

〔七八〕後漢書光武帝紀所言乃尚書僕射事。又書鈔卷六二引乃言謁者僕射事。其引無「僕，主也」三字，「每官必有」作「是故設」，無「課」字，當別作一條。

〔七九〕「幘」原誤作「績」，據書鈔、御覽引而改。晉書輿服志亦作「緗幘」。

〔八〇〕此條御覽服章部有兩引，分見卷六八七、卷六九一。

〔八一〕漢書百官公卿表注、三輔黄圖卷二、後漢書光武帝紀注均無「令」字。又後漢書和帝紀注作「公車令一人」。

〔八二〕三輔黄圖卷六作「未央宫六廐」。

〔八三〕漢書百官公卿表注作「分置北邊、西邊」。

〔八四〕初學記卷一二引作漢官。

〔八五〕據初學記卷一二引補「與」字。又初學記引書作漢官。

〔八六〕「家丞」原作「家乘」，諸本後漢書皇后紀皆作「家丞」，故據以改。

〔八七〕諸本後漢書鄧晨傳注均引作「私府長、食官長、永巷令」，故據以改補。

〔八八〕類聚卷四九、御覽卷二三二「一日」均引作「百」。又史記平凖書、漢書食貨志亦作「累百巨萬」。孫輯作「一日」，恐非。

〔八九〕初學記卷一二引作漢官之文，「又改」上引有「後」字。

〔九〇〕影宋本御覽卷二三六「少藏」引作「小藏」。

〔九一〕影宋本御覽卷二二九卽引作「甘肥」。

〔九二〕據御覽卷九七八引補「菓」字。

〔九三〕「宫」原誤作「官」，據後漢書桓帝紀注引改。續漢志亦作「守宫令」。

〔九四〕續漢志補注、晉書輿服志「金取」上均引「說者」二字。

〔九五〕晉書輿服志、初學記卷二六、御覽卷二一九「目」均引作「口」。

〔九六〕御覽卷六八八「乃知」下引有「昔」字。

〔九七〕書鈔卷五八「問」上有「帝」字。

〔九八〕初學記引作漢官。

〔九九〕後漢書獻帝紀注、御覽卷二一九均無「坐」字，通典職官正文亦同，據刪。

〔一〇〇〕日本廣池本唐六典引作漢官。

〔一〇一〕孔本書鈔卷五八「可正」引作「國正」。

〔一〇二〕初學記卷一二、御覽卷二一九均作漢官之文，而其下以小字引應劭注曰：「以青規地曰青蒲。」文與漢書史丹傳應劭注同。據此疑「漢官」或係「漢書」之誤。

〔一〇三〕孔本書鈔卷五八引作「刁存」，初學記卷一二作「方存」，與陳本書鈔同，御覽卷三六七則作「乃存」。本輯從御覽卷九八一、又卷二一九，作「廼存」。按：刁、方、乃三字形近易訛。嚴可均稿有案曰：「野客叢書二十五作『刁協』。案：刁存是也。刁協晉人，誤。」嚴說近是。

〔一〇四〕類聚卷一七「上出」作「帝賜」。又「與含之」三字書鈔卷五八引作「教令含之」，類聚卷一七、御覽卷三六七作「令含之」，初學記卷一二、御覽卷二一九作「使含之」。諸引各異。

〔一〇五〕御覽卷九八一「視」作「眂」。眂，古視字，見玉篇。

〔一〇六〕孔本書鈔卷五八、文選恩倖傳論注皆引有「黄門」二字，孫案非。

〔一〇七〕後漢書獻帝紀注作「應劭曰」，未著明出何書。而同注中前兩處引文明言出自漢官儀，此引不作「又曰」，疑非漢官儀之文。

〔一〇八〕初學記卷一二引作漢官。

〔一〇九〕漢書張釋之傳注引如淳曰：「漢注貲五百萬得爲常侍郎。」據此疑書鈔原引「五」下脱「百」字。

〔一一〇〕孔本書鈔卷五八「各一人」下引有「官無員」三字。初學記卷一二引作「官並無員」。

〔一一一〕孔本書鈔卷五八、初學記卷一二「竝」皆引作「夾」。

〔一一二〕據初學記卷一二引補「常」字。又初學記引作漢官之文。

〔一一三〕後漢書桓帝紀注引作漢官。

〔一一四〕「綱紀」兩字誤倒，據原引以改。

〔一一五〕據唐六典卷一、御覽卷二一〇補「者」字。

〔一一六〕據唐六典卷一、御覽卷二一〇補「大夫」及「令」字。

〔一一七〕初學記卷一一引作漢官。

〔一一八〕唐六典卷一「傅」下有「呼」字。

〔一一九〕孔本書鈔卷五七引作漢舊儀，孫輯從陳本。然此引與初學記卷一一引漢舊儀之文基本相同，疑當以孔本爲是。

〔一二〇〕初學記卷一一引作「營劭」。然考之後漢書，既無營劭，也無營郃。按續漢百官志注昭案曰：「獻帝分置左、右僕射，建安四年以榮郃爲尚書左僕射是也。獻帝起居注曰：『郃卒官，贈執金吾。』」又按魏志賈詡傳注引獻帝紀有「司隸榮郃」。唐六典卷一亦引作「榮郃」。據此則「營劭」、「營郃」均係「榮郃」之誤。孫輯從文選注，非。

〔一二一〕類聚卷四八引作「龍，命汝作納言，朕命惟允」，與尚書舜典原文最切近。

〔一二二〕點校本後漢書光武帝紀注據東漢書刊誤補「常」字，甚是。續漢百官志即作「常侍曹尚書」。今據補。

〔一二三〕據初學記卷一一改「二」作「人」。又其引作漢官之文。

〔一二四〕「袁紹檄豫州注」係「爲袁紹檄豫州注」之誤。

〔一二五〕初學記卷一一僅一引，孫注誤。

〔一二六〕初學記卷一一引作漢官。

〔一二七〕廣池本唐六典卷一考訂曰：「鄭氏通志略引漢官儀，『史』下有『籀』字，六典脱之。」甚是。通典亦作「史籀篇」，孫注誤。

〔一二八〕唐六典卷一「受書」引作「受事」。

〔一二九〕孔本書鈔卷八五引作漢官典儀。孔廣陶按：「『典儀』當作『典職』。本鈔六十諸尚書左右丞篇引，正作『典職』。」又御覽禮儀部亦引作漢官典職。孫輯乃沿陳本之訛。

〔一三〇〕初學記卷一一「夜」上引有「晝」字。

〔一三一〕此上書鈔卷六〇、初學記卷一一均作漢官典職之文，且「以」上皆引有「或」字。按通典職官、唐六典卷一、錦綉萬花谷前集卷一一均有「或」字，御覽偶脫之。

〔一三二〕據御覽卷二一五、初學記卷一一引補「薰」字。又初學記卷一一「端正」下有「妖麗」二字，「香爐」下有「香囊」二字，與他引異。

〔一三三〕孔本書鈔卷六〇仍引作「賜服」，下又引「赤管大筆」等十字。孫輯乃從陳本。

〔一三四〕初學記卷一一兩引此條，孫輯脫注。

〔一三五〕影宋本御覽作「北宮二作」，孫輯所據本誤。

〔一三六〕初學記卷二一敍事引作漢書，事對中引作蔡質漢官。又御覽卷六〇五亦作漢官典職之文。孫輯引誤。

〔一三七〕廣池本唐六典作「尚書郎曹」。

〔一三八〕「明帝」原誤作「武帝」，據書鈔卷六〇改。

〔一三九〕唐六典卷一「都座」作「都堂」。而宋書百官志作「都坐」，言本漢舊制。

〔一四〇〕初學記卷一一末句下尚引「休有烈光」四字。

〔一四一〕初學記卷一一「曰」作「名」。御覽卷二二七則作「名曰」。

〔一四二〕「柱」原誤作「之」，據初學記卷一一、又卷二六、御覽卷六八五引改。又初學記卷一一「爲柱」下有「言其審固不撓」六字。御覽卷二二七、又卷六八五亦同。

〔一四三〕御覽卷二二七「觸」上有「主」字。御覽卷六八五又引作「主觸不直」。而初學記卷二六則引作「性觸不直」。主、性形近易訛，疑此引「觸」上脱「性」字。

〔一四四〕影宋本御覽卷二二七正引作「秦」。

〔一四五〕「服食部」係「器物部」之譌，且當注明有兩引。

〔一四六〕北圖藏明版錦綉萬花谷兩「柱史」皆作「柱後」，「冠」作「柱」。孫氏所據本誤。

〔一四七〕左傳正義卷二六成公九年疏引漢官儀首句作「法冠，一曰柱後冠」。

〔一四八〕孔本書鈔卷六二引有「固」字，又「橈」作「撓」。

〔一四九〕初學記卷一二引作漢官。

〔一五〇〕續漢志補注有兩引，孫輯脱注。

〔一五一〕影宋本御覽卷二三七引有「人」字。

〔一五二〕續漢志補注引作「光滿道路」，下尚有「羣僚之中，斯最壯矣」八字。

〔一五三〕孔本書鈔卷五四引作漢舊儀。

〔一五四〕該出處當作廣韵下平聲卷二鹽二十四注。

〔一五五〕「曰」原作「者」，據文選齊敬皇后哀策文注而改。

〔一五六〕「長信少府」、「長樂少府」原誤倒，據後漢書皇后紀注改正。

〔一五七〕「其非」原亦誤倒，據後漢書班彪傳注改正。

〔一五八〕沈家本諸史瑣言曰：中允，「續志作『中盾』」。後漢書班彪傳注恐誤。又據原引補「旦旦」二字。

〔一五九〕疑「永元」以下，乃劉昭之語。

〔一六〇〕續漢志補注「貢篚」引作「直裝」，「朽濕」引作「敝朽」。

〔一六一〕續漢志補注脫「晉」字，作「霸國」。御覽卷二三六引有「晉」字，無「國」字。孫輯從類聚卷四九。

〔一六二〕諸本後漢書張湛傳注「最北」下均有「門」字，故據補。

〔一六三〕諸本中唯點校本作「秩千石」。按續漢志曰：「司馬一人，千石。」掌諸門司馬、門候之城門校尉不過秩比二千石，而平城門屯司馬豈能秩二千石！疑「二」字係衍文。惠棟曰：「北宋本作『秩千石』。」亦可證。

〔一六四〕水經注穀水注亦作「宿昔」。又「來止」作「來在」。又御覽卷一八七「一柱」下引有「飛」字。

〔一六五〕水經注穀水注、文選懷舊賦注「年月」下均有「日」字。

〔一六六〕據後漢書安帝紀注原引刪「七」字。

〔一六七〕後漢書光武帝紀注「內」上有「河」字。

〔一六八〕「段熲傳注」係「張奐傳注」之誤。

〔一六九〕孔廣陶按：「考後漢三十七百官志注引荀綽晉百官表注有『征和中，陽石公主巫蠱之獄起』句，則本鈔『子孫』因誤，而淵如作「公孫」亦非矣。」今按：據漢書五行志所載，「陽石」當指陽石公主，而「子孫」指丞相公孫賀，「敬聲」卽太僕敬聲，公孫賀之子。疑此句當作「陽石、公孫賀、敬聲巫蠱之獄」。

〔一七〇〕影宋本御覽卷二五〇「陛下」作「陛坐」。本條又見書鈔卷六一，孫輯脱注。

〔一七一〕據孔本書鈔卷六一改「寔領」作「寬饒」。寬饒者，蓋寬饒也。

〔一七二〕孔本書鈔卷七三「諸郡」引作「州郡」。

〔一七三〕影宋本御覽卷二五二卽作「成周」，孫氏所據本誤。

〔一七四〕影宋本御覽卷二五二引作「分爲東、西周」。

〔一七五〕類聚職官部誤作「洛陽伊」，而地部仍引作「河、雒、伊」。

〔一七六〕點校本續漢志補注「貶」作「罰」，「介」作「釐」。

〔一七七〕後漢書光武帝紀注「南方」作「於南」。

〔一七八〕「職官部」係「州郡部」之誤。

〔一七九〕漢書武帝紀、百官公卿表均作「元封五年」，疑書鈔引誤。

〔一八〇〕孔本書鈔卷七二「請罷」下有「刺史」二字。又漢書朱博傳載翟方進奏言，「請罷」下亦有「刺史」二字。

〔一八一〕「山陵」原作「山林」，據水經注河水注、類聚卷六引改。

〔一八二〕類聚卷六亦引此句，孫輯脱注。

〔一八三〕按後漢書劉表傳作「荊州八郡」，則當包括章陵在內。洪亮吉曰：「案諸地志皆不言章陵郡何時所置，惟禰衡傳黄祖長子射爲章陵太守。魏志趙儼傳太祖征荊州，以儼領章陵太守。劉表傳注引傅子言蒯越拜章陵太守，事又在射、儼前。疑郡亦建安時所立也。」黄山曰：「案續志劉注引獻帝起居注曰：『建安十八年三月庚寅，省州并郡，復禹貢之九州。荊州得交州之蒼梧、南海、九真、交阯、日南，與其舊所部南陽、章陵、南郡、江夏、武陵、長沙、零陵、桂陽凡十三郡。』據此則官儀『江陵』確爲『江夏』之誤，而章陵亦舊郡也。疑光武改舂陵爲章陵縣，後車駕屢幸，親祠園陵，嘗升爲郡，旋又并省。桓、靈時，因而復置。傕、汜亂長安，圖籍盡亡，遂無可徵也。覩表於初平元年至荊州，蒯越卽云荊州八郡，已數章陵矣，安得云郡爲建安時立乎！」黄説是，可補洪説不足，又可證應劭所言八郡與漢末荊州建置不殊。嚴可均立此案語，疑所不當疑，孫氏因而不改，失考矣。

〔一八四〕後漢書桓帝紀注「補」作「捕」，不誤。孫案非。

〔一八五〕黄山校補曰：「『十年』官本作『七年』。據光武紀及續志，皆『六年』之譌。」點校本據以改。今亦從之。又諸本原引均有「往往」二字，亦補之。

〔一八六〕點校本據劉攽東漢書刊誤改耿恭傳注「郡」爲「都尉」，是。

〔一八七〕諸本續漢百官志補注「折衝」上均有「可」字，故據補。

〔一八八〕「肄」原作「詣」，諸本後漢書光武紀注皆作「肄」，故據以正。

〔一八九〕「丞一人」原作「丞二人」，諸本續漢百官志補注皆作「丞一人」，故改。

〔一九〇〕「皆不治民」原作「皆不治兵」，據諸本續漢百官志補注引而改。

〔一九一〕諸本續漢百官志補注「尉」下均有「游徼、亭長」四字，與下文「皆」字相應，據補。

〔一九二〕點校本續漢百官志補注「江南」作「汝南」。按郡國志陽安縣正屬汝南郡。孫輯從汲本、殿本，非。今正之。

〔一九三〕漢書成帝紀注、河間獻王傳注均作漢官之文。

〔一九四〕諸本後漢書張奐傳注「上谷」下有「郡」字，據補。又點校本改「密縣」爲「甯縣」。王先謙按：「作『甯』是。」今亦據改。

〔一九五〕此四字孫氏所補，依例當作小字。

〔一九六〕「時班彪議」以下，乃李賢之語，孫輯誤引。

〔一九七〕「尉都」二字原誤倒，據後漢書光武帝紀注以正。

〔一九八〕後漢書明帝紀注「中央」下有「也」字。

〔一九九〕據影宋本御覽卷二二五一改「都護」作「校尉」。

〔二〇〇〕後漢書鄧禹傳注原作「朝侯」，此乃孫輯沿嚴氏稿之訛。

〔二〇一〕此三字亦孫氏所補，當作小字。

〔二〇二〕「十一斛」原作「一十斛」，據漢書百官公卿表注、通典職官引而改。

〔二〇三〕後漢書牟融傳注作「字子廬」。

〔二〇四〕據後漢書和帝紀注删「州」字。兩漢志均作鞏縣。

〔二〇五〕點校本後漢書魯恭傳注「君上」作「君玉」，「范陵」作「苑陵」，是。孫輯從汲本，非。

〔二〇六〕後漢書順帝紀注作「京縣人」，是。

〔二〇七〕點校本後漢書段熲傳注引作「尹頌」，是。

漢官儀卷下

漢軍謀校尉應劭撰

清孫星衍校集

皇者，大也，言其煌煌盛美。帝者，德象天地，言其能行天（下號曰皇帝）道，〔一〕舉措審諦，父天母地，爲天下主。太平御覽皇王部

光武第雖十二，〔二〕於父子之次，於成帝爲兄弟，於哀帝爲諸父，於平帝爲祖父，皆不可爲之後。上至元帝，於光武爲父，故上繼元帝而爲九代。故河圖云「赤九會昌」，謂光武也。後漢書光武紀注

皇后稱椒房，取其蕃實之義也。案：初學記、一切經音義引作「國風美其繁興」。〔三〕太平御覽引作「美其繁蕪」，在下文引詩下。詩云：「椒聊之實，蕃衍盈升。」案：太平御覽引作「蔓延盈升」。以椒塗室，取温煖除惡氣也。案：廣韻四霄注引作「取其温也」。〔四〕猶天子朱泥殿上，曰丹墀也。後漢書皇后紀注、初學記中宮部、藝文類聚后妃部、一切經音義十九、錦繡萬花谷九、白帖三十七、太平御覽皇親部、居處部　案：文選景福殿賦注引作漢舊儀

婕妤以下，皆居掖庭。後漢書班固傳注、文選西都賦注

掖庭，後宮所處。中宮，謂諸中人。後漢書宦者傳論注〔五〕

姬，内官也，秩比二千石，位次婕妤下，在八子上。漢書文帝紀臣瓚注　案：引作「秩祿令」。

姬妾數百。漢書文帝紀注

北郊壇在城西北角，去城一里所。謂方壇四陛，但存壇祠舍而已。其鼓吹樂及舞人御帳，皆從南郊之具。地祇位南面西上，高皇后配，西面，皆在壇上。地理羣神從食壇下。南郊焚犢，北郊埋犢。後漢書光武紀注

祭地于河東汾陰后土宮。宮曲入河，古之祭地，澤中方丘也。以夏至日祭，其禮儀如祭天。後漢書光武紀注

馬第伯封禪儀記曰：案：封禪儀馬第伯所作，劭錄之於此書。羣書注有引「封禪儀」，或引「馬第伯封禪記」者，皆此書文也。史記孝武本紀索隱：封禪儀，見應劭漢官儀。「車駕正月二十八日發雒陽宮，二月九日到魯，遣守謁者郭堅伯將徒五百人治泰山道。十日，魯遣宗室諸劉及孔氏、瑕邱丁氏上壽受賜，皆詣孔氏宅，賜酒肉。十一日發，十二日宿奉高。是日遣虎賁郎將先上山，三案行。還，益治道徒〔一〕千人。〔六〕十五日，始齋。案：通典引下作「諸扈從王公以下，及東方諸侯盡齋」十四字，無下文一段。國家居太守府舍，諸王居府中，諸侯在縣庭中齋。諸卿、校尉、將軍、大夫、黄門郎、百官

及宋公、衞公、褒成侯、東方諸侯、雒中小侯齋城外汶水上。太尉、太常齋山虞。馬第伯自云，某等七十人先之山虞，觀祭山壇及故明堂宮郎官等郊肆處。入其幕府，觀治石。石二枚，狀博平，圓九尺，此壇上石也。其一石，武帝時石也。時用五車不能上也，因置山下爲屋，號五車石。四維距石長丈二，案：通典引「二」下有「尺」字。廣二尺，厚尺半所，四枚。檢石長三尺，廣六寸，狀如封篋。長檢十枚。一紀號石，高丈二尺，廣三尺，厚尺二寸，名曰立石。一枚，刻文字，紀功德。案：太平御覽地部引作「石二枚，一是武帝時石，用五車載不能上，因置山中爲屋，號五車石。一是刻號紀功德，立壇上」。藝文類聚地部引同。〔七〕是朝上山騎行，往往道峻峭，下騎，步牽馬，乍步乍騎，且相半，至中觀留馬。去平地二十里，南向極望無不覩。案：通典引「望」作「眺」。仰望天關，如從谷底仰觀抗峯。其爲高也，如視浮雲。其峻也，石壁窅窱，如無道徑。遥望其人，端如行朽兀，或爲白石或雪，案：太平御覽地部引作「望人如盂升，或以爲小白石，或以爲冰雪」。久之，白者移過樹，乃知是人也。案：通典引「遥望」至此二十七字無。殊不可上，四布僵卧石上，有頃復蘇。亦賴齎酒脯，處處有泉水，目輒爲之明。復勉强相將行，到天關，自以已至也，問道中人，〔言〕尚十餘里。〔八〕其道旁山脅，大者廣八九尺，狹者五六尺。仰視巖石案：通典引「視」作「窺」。松樹，鬱鬱蒼蒼，若在雲中。俛視谿谷，碌碌不可見丈尺。遂至天門之下，仰視天門，窔遼如從穴中視天。直上七里，賴其羊腸逶迤，名曰環道，往往有絙索，可得而登也。兩從者扶挾，〔九〕前人相牽，後人見前人履底，前人見後人頂，如畫重累人矣。案：通典引「矣」作「耳」。所謂摩胸捫石，捫天之難也。初上此道，行十餘步一休，稍疲，咽脣燋，五六步一休。牒牒據頓，地不避濕闇，前有燥地，目視而兩脚不隨。案：通典引「所謂」至此五十一字無。早食上，脯後到天門。郭使者得銅物。銅物形狀如鍾，又方柄有孔，莫能識，疑封禪具也。得之者，汝南召陵人，姓楊名通。東上一里餘，得木甲。木甲者，武帝時神也。東北百餘步，得封所，始皇立石及闕在南方，漢武在其北。二十餘步，得北垂圓臺，高九尺，方圓三丈所，有兩陛。人不得從，上從東陛上。臺上有壇，方一丈二尺所，上有方石，四維有距石，四面有闕。鄉壇再拜謁，人多置錢物壇上，亦不埽除。國家上見之，則詔書所謂酢梨酸棗案：太平御覽果部兩引云：光武封泰山，上壇見酢梨酸棗。上問其故，主者曰：「百官上者所置。」上曰：「封禪大禮，千歲一會，衣冠士大夫何故爾也！」〔一〇〕狼藉，散錢處數百，幣帛具，道是武帝封禪至泰山下，未及上，百官爲先上，案：續漢志補注引無「先」字。〔一一〕通典引有。跪拜，置梨棗錢于道以求福，即此也。東山名曰日觀，案：藝文類聚天部、太平御覽地部引作「泰山東南有峯名曰日觀」。〔一二〕水經注汶水引作「東南山頂」。日觀者，雞一鳴時，見日始欲出，長三丈所。秦觀者，望見長安；案：文選顔延年詩注引此作「漢舊儀」。〔一三〕吳觀者，望見會稽；周觀者，望見齊西。〔一四〕北有石室。壇以南有玉盤，中有玉龜。案：藝文類聚禮部、雜器物部、文選張平子四愁詩注、白帖十三、太平御覽器物部、珍寶部引同。山南脅神泉，飲之極清美利人。日入下去，行數環。日暮時頗雨，不見其道，一人居其前，先知蹈有人，乃舉足隨之。比至天門下，夜人定矣。」續漢志補注、通典禮　案：通典引文多刪節。

太山盤道屈曲而上，凡五十餘盤。經小天門、大天門，如從穴中視天窻矣。〔一五〕案：太平御覽居處部引「泰山有天窻」。自下至古封禪處，凡四十里。山頂西巖爲仙人石閭，東巖爲介邱，案：下本有「東南巖名日觀」一段，已見上，今刪。黄河去太山二百餘里，於祠所瞻黄河如帶，若在山阯。山南有廟，悉種柏千株，大者十五六圍，〔一六〕相傳云漢武所種。小天門有秦時五大夫松，見在。初學記地部、太平御覽地部

泰山東上七十里至天門。初學記地部

秦始皇上封太山，逢疾風暴雨，賴得松樹，〔一七〕因復其下，封爲五大夫。〔一八〕藝文類聚木部、太平御覽木部、事類賦木部

車駕十九日之山虞，國家居亭，案：藝文類聚禮部引作「建武三十二年東巡狩。二月九日到魯。十九日國家居亭」。百官布野。此日山上雲氣成宮闕，百官竝見之。二十一日夕牲時，白氣廣一丈，東南極望致濃厚。時天清和無雲。瑞命篇「岱嶽之瑞，以日爲應」也。〔一九〕續漢志補注　案：補注皆作「封禪儀」，下同。

建武三十二年，車駕東巡狩。正月二十八日發雒陽宮。二月九日到魯。十二日宿奉高。

十五日始齊。十九日之山虞，國家居亭。二十一日夕牲。二十二日祭〔天〕，〔二〇〕日高三丈所，燔燎正北鄉。〔二一〕禮畢，百官以次上，國家時御輦，人挽升車也。北堂書鈔禮儀部 案：「車」當作「山」。〔二二〕

晨祭也。日高二丈所，燔燎烟正北也。續漢志補注

百官各以次上。郡儲輦三百，爲貴臣、諸公、王、侯，卿、大夫、百官皆步上，少用輦。（輦者）〔二三〕續漢志補注

國家御首輦，人輓升山。案：北堂書鈔車部引作「乘王輦以升山」。至中觀休，須臾復上。續漢志補注

須臾，羣臣畢就位。續漢志補注

國家臺上北面，虎賁陛戟臺下。續漢志補注

建武三十二年二月辛卯，登封太山。皇帝北面，尚書令奉玉牒檢進，南面跪。太常曰：「請封。」皇帝親封畢，退復位。太常曰：「請拜。」皇帝再拜。大行禮畢，〔二四〕羣臣皆呼萬歲。命人發壇上石，尚書令藏玉牒，封石檢也。北堂書鈔禮儀部三引〔二五〕

騶騎二千餘人發壇上方石。續漢志補注

以金爲繩，以石爲泥，南三檢，〔二六〕案：續漢志補注、通典引無「爲泥南」三字。東方、西方各二檢。案：「二」當依通典引作「三」。〔二七〕又案：續漢志、通典皆云東西各三，南北各二，此有誤。檢中石泥及壇土，色赤白

黑，案：「赤」上當有「青」字。〔二八〕各依如其方色。續漢志補注、通典禮、北堂書鈔禮儀部

封禪太山，即武帝封處，累其石，登壇，置玉牒書封石此中，復封石檢。藝文類聚禮部

羣臣稱萬歲，音動山谷，有青氣屬天，〔二九〕遥望不見山巔，山巔人在氣中，不知也。〔三〇〕續漢志補注、北堂書鈔禮儀部、太平御覽天部　案：續漢志補注引無「青」字。北堂書鈔天部引作「白氣」。

世祖封禪，久案：「久」當作「夕」。〔三一〕有白氣一丈，東南〔極望〕，〔三二〕正直壇所，有青氣上與天屬，遥望不見巔，〔三三〕瑞命之符也。太平御覽休徵部

元封封禪，書有白氣，案：「書」當作「晝」。夜有光，下天下案：此「下」字當衍。闕石門。〔三四〕藝文類聚禮部

封畢有頃，詔百官以次下，國家隨後。數百人維持行，相逢推，百官連延二十餘里。道多迫小，深谿高岸數百丈。步從匍匐邪上，起近炬火，止亦駱驛。步從觸擊大石，石聲正讙，但讙石見相應和者。〔三五〕腸不能已，口不能默。夜半後到，百官明日乃訖。其中老者氣劣不能行，卧巖石下。〔三六〕明日早，太醫令復遵問起居，國家云：「昨上下山，欲行迫前，〔三七〕欲休則後人所蹈，道峻危險，恐不能度。國家不勞，百官以下露卧水飲，無一人蹉跌，無一人疾病，豈非天邪！」泰山率多暴雨，如今上直下柴祭封登，清晏温和。明日上壽，賜百官省事。事畢發，暮宿奉高三十里。明日發，至梁甫九十里夕牲。續漢志補注　案：此條有誤字。

功效如彼，天應如此，羣臣上壽，國家不聽。續漢志補注

建武三十二年，車駕東巡狩。二月二十二日祭（上）〔天〕。〔三八〕日中到山，禮畢，羣臣稱萬歲。有頃詔百官以次下。明案：當有「日」字。〔三九〕問起居。二十四日發，至梁父九十里夕牲。二十五日禪祭于梁陰。〔四〇〕陽者祭天，陰者祭地。始元舊禮，以高帝配天，高后配地。北堂書鈔設官部

明堂四面起土作塹，上作橋，塹中無水。明堂去平城門二里所，天子出，從平城門，先歷明堂，乃至郊祀。後漢書光武紀注

辟雍去明堂三百步。車駕臨辟雍，從北門入。三月、九月，皆于中行鄉射禮。辟雍以水周其外，以節觀者。諸侯曰泮宮。東西南有水，北無，下天子也。後漢書光武紀注

辟雍四門外有水，以節觀者。門外皆有橋。後漢書儒林傳序注

大射于曲臺。漢書藝文志如淳注〔四一〕

春三月，秋九月，習鄉射禮，禮生皆使太學學生。後漢書儒林傳序注

立春之日，遣使者賜文官司徒、司空帛三十匹，案：續漢志補注引作「四十匹」。九卿十五匹；武官太尉、大將軍各六十匹，執金吾、諸校尉各三十匹。武官倍于文官。續漢志補注、通典職官、太平御覽時序部　案：續漢志補注引作「名秩」，在立秋下。

古不墓祭。秦始皇起寢于墓側，〔四二〕漢因而不改。諸陵寢皆以晦、望、二十四氣、三伏、社、臘及四時上飯。其親寢所宮人，隨鼓漏理被枕，具盥水，陳莊具。天子以正月上原陵，公卿百官及諸侯王、郡國計吏皆當軒下，占其郡國穀價四方改易，欲先帝魂魄聞之也。後漢書明帝紀注

天子東耕之日，親率三公九卿，戴青幘，冠青衣，載青旂，駕青龍，〔四三〕公卿以下車駕如常法，往出種堂。天子升壇，上空無際，公卿耕訖，天子耕于壇，舉耒三〔推〕而已。〔四四〕北堂書鈔禮儀部、藝文類聚禮部、文選藉田賦注、太平御覽禮儀部

天子升壇，公卿耕訖，嗇夫下種。凡稱藉田爲千畝，亦曰帝藉，亦曰耕藉，亦曰東耕，亦曰親耕，亦曰王藉。初學記禮部、藝文類聚禮部、太平御覽禮儀部

天子父事三老，兄事五更。天子親割，三公設几，九卿正履，祝哽在前，祝咽在後。北堂書鈔設官部、文選辟雍詩注、〔四五〕太平御覽禮儀部

三老、五更，三代所尊也。安車輭輪，送迎至家，天子獨拜於屏。三者，道成於天、地、人。老者，久也，舊也。五者，訓于五品。更者，五世長子，更更相代，言其能以善道改更已也。三老、五更皆取有首妻，男女完具。後漢書明帝紀注、續漢志補注、北堂書鈔設官部

伏日萬鬼所行，故盡日閉，案：太平御覽引作「故謹」。不干它事。後漢書和帝紀注、太平御覽時序部

大將軍、三公臘賜錢各三十萬，〔四六〕牛肉二百斤，稉米二百斛；特進侯十五萬；卿十萬；校尉五萬；尚書丞、郎各萬五；〔四七〕案：何敞傳注引作「尚書三萬，侍中、將、大夫各二萬」。千石、六百石各七千；侍御史、謁者、議郎、尚書令各五千；郎官、蘭臺令史二千；案：續漢志補注引「二」作「三」。〔四八〕中黄門、羽林、虎賁士二人共三千；以爲當祠門户直，各隨多少受也。後漢書何敞傳注、續漢志補注　案：續漢志補注引作「名秩」。

正月旦，天子御德陽殿，臨軒。公、卿、大夫、百官各陪位朝賀。蠻、貊、胡、羌朝貢畢，見屬郡計吏，皆陛覲。宗室諸劉雜會，皆冠兩梁冠，單衣。〔四九〕既定，〔五〇〕計吏中庭北向坐。大官上食，賜羣臣酒食，作九賓，撤樂。藝文類聚禮部、太平御覽時序部

正月朔賀，三公案：藝文類聚引作「大將軍、三公朝會」，下文亦少異。奉璧上殿，嚮西北。太常贊曰：「皇帝爲三公興！」三公伏，皇帝坐，乃前進璧。〔五一〕古語曰「御坐則起」，此之謂也。藝文類聚禮部、太平御覽時序部

元日朝賀，三公拜璧殿上，獻壽觴。太平御覽時序部

正旦，飲柏葉酒，上壽。太平御覽木部

明帝永平元年，〔五二〕光烈陰皇后葬，魂車，鸞輅青羽蓋，駕四馬，旂九斿，〔五三〕前有方相。鳳皇車，大將軍妻參乘，太僕御，女騎夾轂。宋書禮志、通典禮　案：「僕」下當有「妻」字。〔五四〕

天子法駕，所乘曰金根車，駕六龍，以御天下也。有五色安車，有五色立車，各一，皆駕四馬。毛詩說云：〔五五〕「四者，示有四方之志也。」是爲五時副車。藝文類聚舟車部、太平御覽車部

天子出祭陵，常乘金根車。春二月，青龍居在前。〔五六〕秋八月，白虎在前。太平御覽車部

大路龍旂，畫龍於旂上也。隋書禮儀志

皇后婕妤乘輦，餘皆以茵，四人輿以行。文選西都賦注、太平御覽皇親部

孝景帝六年，令二千石朱兩音緉，千石、六百石朱轓，〔五七〕較車耳反出爲藩屏也。太平御覽車部

皇帝起居，索室清宮而後行。史記孝文本紀索隱、北堂書鈔帝王部

天子車駕次第謂之鹵簿。有大駕、法駕、小駕。大駕公卿奉引，大將軍參乘，太僕御，屬車八十一乘，備千乘萬騎，案：史記梁孝王世家索隱引下有「而出」二字。侍御史在左駕馬，詢問不法者。史記孝文本紀索隱、梁孝王世家索隱、後漢書皇后紀注、班固傳注、唐六典十七、文選東京賦注

祭南郊，乘大駕，奉引如故，其餘羣司百官大出。祭北郊，乘大駕，奉引如故，其餘十歲五帝雞翅埽前後，〔五八〕諸軍悉行者也。北堂書鈔儀飾部

大駕鹵簿，五營校尉在前，案：西京賦注引「漢有五營」。名曰塡衞。文選藉田賦注

乘輿大駕，則御鳳皇車，以金根爲副。續漢志補注　案：引作「漢官鹵簿。」〔五九〕

漢乘輿大駕儀，公卿奉引，太僕御，大將軍驂乘，屬車八十一乘，備千乘萬騎。法駕儀，公卿

不在鹵簿中，河南尹、執金吾、洛陽令、案：史記孝文本紀索隱引作「京兆尹、長安令。」又案：此下當有「奉引」二字，見續漢志。〔六〇〕奉車都尉、案：「都尉」當作「郎御」，見續漢志。〔六一〕侍中參乘，屬車三案：續漢志「三」作「四」，誤。十六乘。史記孝文本紀索隱、留侯世家索隱、太平御覽儀式部

甘泉鹵簿有道車五乘，游車九乘，在輿前。太平御覽車部

前驅有雲，案：當有「罕」字。〔六二〕皮軒鑾旗車。後漢書楊秉傳注

清道以旄頭爲前驅。後漢書儒林傳序注

舊選羽林郎旄頭，被髮案：太平御覽引作「放髮」。爲前驅，〔六三〕今但用營士。後漢書光武紀注、太平御覽儀式部

豹尾過後，執金吾罷屯解圍，天子鹵簿中，後屬車施豹尾于道路，豹尾之内爲省中。水經注江水〔六四〕

騎執菰。初學記樂部〔六五〕

太常駕四馬，主簿前車八乘，有鈴下、侍閤、辟車、騎吏、五百等員。唐六典十四　案：以下三條，唐六典引俱作「鹵簿篇」。又後漢書周紆傳注引「鈴下、侍閤、辟車，此皆以名自定者也」。

衛尉駕四馬，主簿前車八乘，有鈴下、侍閤、辟車、騎吏等員。唐六典十六

鴻臚駕四馬，主簿。〔六六〕唐六典十八

班劍者，以虎皮飾之。文選王文憲文集序注　案：儉薨，追贈太尉，增班劍爲六十人。續漢志：「佩刀，虎賁黃室虎文，其將白虎文。」然則班劍者亦鹵簿中所有也。

衣裳公侯華蟲，卿大夫藻火。太平御覽職官部　案：與續漢志輿服不合，此當有誤。

周冕與古冕略等，周加垂旒，天子前後垂真白珠各十二。太平御覽服章部

冕廣七寸，長八寸。左氏正義桓公

天子冠通天，諸侯王冠遠游，三公、諸侯冠進賢，三梁；卿、大夫、尚書、二千石、博士冠兩梁；二千石以下至小吏冠一梁。案：志引作「平帝元始五年，令公、卿、列侯冠三梁，二千石兩梁，千石以下一梁」。三禮圖引亦作「千石」。此作「二千石」，誤。〔六七〕天子、公、卿、特進、諸侯祀天地明堂，皆冠平冕，天子十二旒，三公、九卿，案：三禮圖引作「九旒」。諸侯七旒，其纓各如其綬色，玄衣纁裳。後漢書明帝紀注、張宗傳注〔六八〕隋書禮儀志、聶崇義三禮圖

幘者，古之卑賤執事不冠者之所服也。後漢書光武紀注、初學記服食部、〔六九〕藝文類聚服飾部、〔七〇〕太平御覽服章部

孝武時，天子以下未有幘。元帝額上有壯髮，不欲使人見，乃使進幘，〔七一〕羣寮隨焉。太平御覽皇王部

幘本無巾，如今半幘而已。王莽無髮，因爲施巾，故里語曰：「王莽頭禿施幘屋。」太平御覽皇

王部

孔子稱：「封太山，禪梁父，可得而數七十有二。」傳曰：「封者以金泥銀繩，印之以璽。璽，施也，信也。古者尊卑共之。」月令曰「固封璽」。春秋傳「襄公在楚，季武子使公冶問，〔七二〕璽書追而與之」是也。秦漢以來，尊者以爲名，乃使避。太平御覽儀式部

子嬰上始皇璽，因服御之，代代傳受，號曰「漢傳國璽」。史記高祖本紀索隱

天子有傳國璽，文曰：「受命于天，既壽且康。」不以封也。北堂書鈔儀飾部、太平御覽儀式部

璽皆白玉螭虎紐，文曰「皇帝行璽」、「皇帝之璽」、「皇帝信璽」、「天子行璽」、「天子之璽」、「天子信璽」，凡六璽。「皇帝行璽」，凡封案：句絶。之璽賜王侯書。案：句絶。「信璽」，發兵案：句絶。徵大臣。「天子行璽」，案：句絶。策拜外國及案：當有譌脱。事天地鬼神。璽案：「璽」上當有脱，皆見漢舊儀。〔七三〕皆以武都紫泥封，青囊白素裏，兩端無縫，尺一板案：後漢書李雲傳注：「尺一之板，謂詔策也。見漢官儀。」中約署。皇帝帶綬，黃地六采，不佩璽。璽以金銀縢組，侍中組負以從。

秦以前民皆佩綬，金、玉、銀、銅、犀、象爲方寸璽，各從所好。〔七四〕奉璽書使者乘馳傳，其驛騎也，三騎行，晝夜千里爲程。通典禮　案：此段亦見漢舊儀。

金銅〔虎〕符五，〔七五〕竹使符十。文選册魏〔公〕九錫文注〔七六〕

銅虎符發兵，長六寸。竹使符出入徵發。史記孝文本紀索隱〔七七〕

印者，因也。所以虎紐，案：北堂書鈔引作「虎劍」，〔七八〕太平御覽引作「虎紐」，皆字之譌。陽類。虎〔者〕，〔七九〕獸之長，取其威猛，以執伏案：北堂書鈔引作「繫服」。羣下也。龜者，陰物。抱甲負文，隨時蟄藏，以示臣道功成而退也。北堂書鈔儀飾部、太平御覽儀式部

尚書僕射，銅印青綬。續漢志補注、通典禮〔八〇〕

孝武皇帝元狩四年，案：初學記引作「二年」。又上有「卿秩中二千石」六字。令通官印方寸大小，官印五分。王、公、侯金，二千石銀，千石以下銅印。初學記職官部、太平御覽儀式部　案：初學記引無末句，「銀」下有「印龜紐」三字。

千石至三百石銅印。北堂書鈔儀飾部〔八一〕

〔秩〕六百石，〔八二〕銅章墨綬。後漢書蔡邕傳注

綬者，有所承受也，所以別尊卑，彰有德也。北堂書鈔儀飾部、初學記器物部　案：此下綬諸條，與續漢志輿服皆不合，亦見丁孚漢儀。

綬者，有所承受也。長一丈二尺，法十二月；闊三丈，案：廣韻四十四有注引作「廣三尺」。〔八三〕法天地人。舊用赤葦，示不忘古也。秦漢易之以絲，今綬如此。北堂書鈔儀飾部

乘輿綬，黃地案：初學記引下有「冐」字。白羽，青絳緑，〔八四〕五采，四百首，長二丈三尺。北堂書鈔儀飾部、初學記器物部

諸王綬，四采，絳地，案：初學記引下有「骨」字。白羽，案：北堂書鈔引作「黃地黃羽」，誤。〔八五〕青黃緑案：「緑」上當有「去」字。赤圭，〔八六〕二百六十首，長二丈一尺。侯綬，絳地，縹紺，百二十首，長二丈案：「二」當作「一」。八尺。〔八七〕北堂書鈔儀飾部、初學記器物部

公、侯、將軍，三采，案：「三」當作「二」，下當有「紫白純」三字，見通典禮。〔八八〕紫圭，長有一丈七尺，百八十首。公主、封君同。〔八九〕北堂書鈔儀飾部　案：初學記器物部引「丞相、御史大夫、匈奴亦同」。

九卿、中二千石，青綬，三采，青白紅，純青圭，一丈七尺，一百廿首。北堂書鈔儀式部

二千石，綬羽青地，桃花縹，三采，百二十首，長丈七尺。〔九〇〕黃綬，〔九一〕黃絲，一采，八十首，長丈七尺。民織綬皆如式，不如式，没入官也。北堂書鈔儀飾部、初學記器物部

墨綬，白案：「白」字當衍。羽青地，絳二采，長丈七尺。初學記器物部

四百石丞、尉，皆黃綬大冠。北堂書鈔設官部

凡先合單紡爲一絲，四絲爲一扶，五扶爲一首，五首成〔一〕文，文采純爲〔一〕圭。〔九二〕首多者精，少者麤，皆廣尺六寸。北堂書鈔儀飾部

蕭何爲相國，佩緑綬，公侯紫，卿二千石青，令長千石黑。隋書禮儀志〔九三〕

高祖在沛，隱芒碭山。每遊，上輒不欲令呂后知，常在深僻處，后亦常知其處。高祖問曰：「何以知之？」后曰：「君所居處，上有紫氣。」太平御覽天部

孝靈熹平〔二〕年八月辛未，〔九四〕白氣如匹練，衝北斗第四星，爲大獸狀。明年，揚州刺史臧旻攻盜賊，斬首數千級。太平御覽天部

永和中，户至千七十八萬，口五千三百八十六萬九千五百八十八。續漢志補注

景帝以來，於國學内立道館，以教學徒，不許人間別立館舍。廣弘明集十四

高祖既登帝位，鮦陽、固始、細陽歲遣雞鳴歌士，常謳于闕下。藝文類聚居處部

王莽篡位，以劉字金刀，案：「字」下當有「有」字。罷五銖，更作小錢，文曰「貨泉」。其文反白水真人，此則世祖中興之瑞也。太平御覽資産部

不制之臣，相與比周，宫鄰金虎。案：東京賦注引「比周」下有「比周者」三字。〔九五〕宫鄰金虎者，言小人在位，比周相進，與君爲鄰堅若金，〔九六〕讒言之人惡若虎。〔九七〕文選東京賦注、王元長三月三日曲水詩序注

帝室，猶古言王室。文選魏都賦注、西征賦注

凡章表皆啟封，其言密事得皁囊。後漢書蔡邕傳注、公孫瓚傳注

里語云「任智不正车生咀」。〔九八〕太平御覽人事部

肅宗賜諸尚書劍，陳寵濟南椎成。漢官儀「椎成」作「鍛成」。後漢書韓稜傳注

應劭字仲遠。漢官儀作仲瑗。後漢書應劭傳注

校勘記

〔一〕「下號曰皇帝」五字乃涉御覽卷七六引下條漢雜事之文而衍，故删。

〔二〕「第」原作「帝」，諸本後漢書光武帝紀注均作「第」，故改。

〔三〕初学记卷一〇引作「國人美其繁以爲興」。

〔四〕此出处当作广韵卷二下平声宵第四椒注。

〔五〕後漢書宦者傳論注無此引，實出文選范蔚宗宦者傳論注。

〔六〕續漢祭祀志補注諸本「千人」上均無「一」字，故删。

〔七〕類聚卷六「刻號」下有「石」字。

〔八〕諸本續漢祭祀志補注「尚」下均有「言」字，故據補。

〔九〕諸本續漢祭祀志補注均作「扶挾」，孫輯誤作「扶掖」，據正。

〔一〇〕事類賦注卷二六有此引，並與御覽果部引同。

〔一一〕續漢志補注諸本皆有「先」字，孫案非。

〔一二〕類聚卷一引無「有峰」二字。又事類賦注卷一引作「泰山東南名曰日觀，鶏鳴時見日」。

〔一三〕文選顏延年車駕幸京口侍遊蒜山詩注引「秦觀者」作「言日觀者」。又引書作「漢書儀」。

〔一四〕盧文弨續漢書志注補曰：「周觀者，望見嵩山。齊西謁。」

〔一五〕初學記卷五、御覽卷三九「如從」上均引有「仰視天門」四字。

〔一六〕「十五六圍」原誤作「五六十圍」，據初學記卷五、御覽卷三九引而改。

〔一七〕御覽卷九五三、事類賦注卷二四「賴得」下均有「抱」字。

〔一八〕類聚卷八八引作「封爲大夫松也」，御覽卷九五三作「封其樹爲五大夫松」，事類賦注卷二四作「因封其樹爲五大夫」，均與孫輯異。

〔一九〕此引又見書鈔卷九一，孫輯脱注。

〔二〇〕據書鈔卷九一引補「天」字。

〔二一〕孔本書鈔卷九一「燔燎」下有「煙」字。

〔二二〕孔本書鈔卷九一「升車」兩引俱作「升山」。

〔二三〕「輦者」二字乃劉昭之語，孫輯誤引，故删。

〔二四〕書鈔卷九一「大行禮畢」引在「退復位」之下。續漢志亦曰：「尚書令以五寸印封石檢。事畢，皇帝再拜，群臣稱萬歲。」孫輯引有誤。

〔二五〕「三引」當作「四引」。

〔二六〕孔本書鈔卷九一作「南北二檢」。

〔二七〕孔本書鈔卷九一即作「東方、西方各三檢」，孫輯所據本誤。

〔二八〕孔本書鈔卷九一「色」下引有「青」字。

〔二九〕書鈔卷九一、又卷一五一、御覽卷一五「屬天」均引作「上與天屬」。

〔三〇〕孔本書鈔卷九一「人在」上無「山巔」二字，末句作「不知山下人之見也」。

〔三一〕影宋本御覽卷一五天部「久」正作「夕」，孫輯脱注。

〔三二〕據御覽卷八七二補「極望」二字。

〔三三〕「巔」原誤作「此」，據御覽卷八七二引改。

〔三四〕類聚汪紹楹校本無「下」字，又「闕」作「闕」，甚是。

〔三五〕「見」殿本作「無」，點校本作「旡」，此從汲本。

〔三六〕點校本續漢志補注「行」上無「能」字，「卧」上有「正」字。

〔三七〕點校本續漢祭祀志補注「明日」下無「早」字，「迫前」下有「人」字。

〔三八〕據孔本書鈔卷九一改「上」作「天」。

〔三九〕孔本書鈔卷九一引有「日」字。

〔四〇〕孔本書鈔卷九一此句引作「禪乎泰山，祭地於梁陰」。

〔四一〕漢書藝文志如淳注引作漢官。

〔四二〕「墓」原誤作「其」，諸本後漢書明帝紀注均作「墓」，故據改。

〔四三〕書鈔卷九一、類聚卷三九均作「駕蒼馬」。惟御覽卷五三七引作「駕蒼龍」。按張衡東京賦敍及藉田曰：「乘鑾輅而駕蒼龍。」則「青」當作「蒼」爲是。馬而稱其爲龍，以其八尺以上神駿如龍也。

〔四四〕據類聚卷三九、文選藉田賦注引補「推」字。又此引略見於初學記卷一四，孫輯脱注。

〔四五〕辟雍詩乃班固所作，文選附其於東都賦之末。

〔四六〕後漢書何敞傳注「臘賜」二字在「大將軍」之上，「各三十萬」作「各二十萬」。

〔四七〕點校本續漢志補注作「各萬五千」。

〔四八〕此句唯見續漢志補注，汲本作「二」，殿本、點校本作「三」。

〔四九〕類聚卷三九「單衣」上引有「皂」字。又「雜會」當作「親會」。

〔五〇〕類聚卷三九「既定」下引有「上壽」二字。

〔五一〕類聚卷三九引作「天子爲起，住入，太常住車曰：『皇帝爲羣公起。』天子坐，方前進」。

〔五二〕宋書禮志作「永平七年」。又後漢書明帝紀、皇后紀均作「七年」。孫輯舍宋書而從通典，失考。

〔五三〕宋書禮志「旂」上引有「龍」字。

〔五四〕宋書禮志引有「妻」字。

〔五五〕御覽卷七七三有兩引，皆無「說云」二字。又類聚卷七一引無「毛詩」以下十三字。

〔五六〕影宋本御覽卷七七三「青龍居」作「青安車」。

〔五七〕漢書景帝紀載中元六年五月詔曰：「令長吏二千石車朱兩轓，千石至六百石朱左轓。」疑御覽「朱兩」下脱「轓」字，「六百石朱」下脱「左」字。

〔五八〕唐類函「鷄翅」作「鷄翹」。續漢志亦曰：民或以爲鸞旗爲鷄翹。孫輯從陳本，非。

〔五九〕續漢志補注實引作漢官鹵簿圖。

〔六〇〕史記孝文本紀索隱引有「奉引」二字。

〔六一〕史記留侯世家索隱曰：「屬車即副車，而奉車郎御而從後。」據此則奉車郎所御乃副車，與孫案異。又續漢志曰：「奉車都尉，掌御乘輿車。」或「都尉」下脱「御」字亦未可知。

〔六二〕諸本後漢書楊秉傳注均有「罕」字，孫氏自誤。

〔六三〕後漢書光武帝紀注「郎」作「爲」，御覽卷六八〇「旄頭」上亦有「爲」字。又御覽卷六八〇引無「爲前」二字，而後漢書光武帝紀注此二字引作「先」。疑此句當作「被髮先驅」。

〔六四〕水經注引作漢官序。

〔六五〕初學記所引實本宋書樂志，「菰」原作「箛」，據以正。

〔六六〕職官分紀卷二〇引作「鴻臚主簿駕四馬」。

〔六七〕後漢書法雄傳注即作「千石」。

〔六八〕「張宗傳注」係「法雄傳注」之誤。

〔六九〕初學記無服食部，有器物部，然無此引。又書鈔卷一二七衣冠部有此引，孫輯脱注。

〔七〇〕類聚衣冠部、服飾部均無此引。

〔七一〕影宋本御覽卷八九「乃使」引作「乃始」，是。

〔七二〕「使」原誤作「從」，據御覽卷六八二引改。又左傳襄公二十九年文亦作「使」。

〔七三〕按除「賜王侯書」漢舊儀作「賜諸侯王書」外，餘皆同。

〔七四〕漢舊儀「各從」作「各服」。

〔七五〕據文選册魏公九錫文注補「虎」字。

〔七六〕據文選目録補「公」字。

〔七七〕史記孝文本紀索隱引作漢舊儀，孫輯引誤。

〔七八〕孔本書鈔、俞本唐類函此引標目均作「虎紐」。

〔七九〕據書鈔儀飾部、御覽儀式部引補「者」字。

〔八〇〕續漢志補注引作漢官。

〔八一〕初學記卷二六引與此同，作漢舊儀。

〔八二〕諸本後漢書蔡邕傳注「六百石」上均有「秩」字，故據補。

〔八三〕孔本書鈔卷一三一引作「濶三尺」。

〔八四〕書鈔卷一三一、初學記卷二六「緑」均引作「綠」。

〔八五〕孔本書鈔卷一三一仍作「綠地」，不誤。

〔八六〕孔本書鈔卷一三一引無「赤圭」二字。初學記卷二六作「赤采」。

〔八七〕孔本書鈔卷一三一「佚綬」下引有「三采」二字。初學記卷二六引有「三采」，但置「紺」字下。又書鈔「二丈八尺」作「一丈八尺」。

〔八八〕孔本書鈔卷一三一作「二采」，且上有「紫綬」二字，與續漢志同。

〔八九〕「公主、封君同」原誤作「公主同封君」，據孔本書鈔卷一三一、初學記卷二六引改。

〔九〇〕初學記卷二六引作「長丈八尺」。

〔九一〕初學記卷二六曰：「四百丞尉、三百長相、二百、百石爲黄綬。疑書鈔有脱文。

〔九二〕據孔本書鈔卷一三一補兩個「一」字。續漢志亦作「五首成一文，文采純爲一圭」。

〔九三〕隋書禮儀志作漢官之文。

〔九四〕據續漢天文志補「二」字。

〔九五〕文選三月三日曲水詩序注引有「比周者」三字。

〔九六〕文選東京賦注「爲鄰」下引「貪求之德」四字。

〔九七〕「若」原作「如」，文選東京賦注、三月三日曲水詩序注均作「若」，故據改。

〔九八〕御覽卷四九六引作「仕宦不止車生耳」，與孫輯迥異。不詳孫氏所據爲何本。

漢官儀佚文一卷

漢應劭撰
清王仁俊輯

漢官儀佚文

里諺曰：「仕宦不止車生耳。」詩紀補

俊按：漢官儀有孫氏星衍輯本。杜氏古謠諺三十二録之，復據詩紀補採出此條，以補孫氏所未及。今衹據杜氏本録之，凡孫氏已採者不録。

漢官典職儀式選用一卷

孫星衍叙録

隋志：漢官典職儀式選用二卷，漢衞尉蔡質撰。唐志蔡質漢官典儀一卷。諸書所引。又有作蔡質漢官典職、漢官典職儀者，皆後人省文也。陳氏書録解題：漢官典儀一卷，漢衞尉蔡質撰，雜記官制及上書謁見禮式。李埴續補一卷。俱不傳。今録成一卷，名從隋志。質字子文，蔡邕叔父。見後漢書蔡邕傳、晉書蔡豹傳。

漢官典職儀式選用一卷

漢衞尉蔡質撰
清孫星衍校集

太尉，孝文三年置，七年省。武帝建元二年置，五年復省，更名大司馬。建武二十七年復置太尉。太平御覽職官部

府開闕，王莽初起大司馬，後篡盜神器，〔一〕故遂貶去其闕。續漢志補注

司徒本丞相官，哀帝改爲大司徒，主司徒衆，馴五品。府與蒼龍闕對，厭于尊者，不敢稱府

也。續漢志補注、太平御覽職官部　案：續漢志補注引「稱」字作「號」。

漢興，置大將軍、驃騎，位次丞相；車騎、衞將軍、左、右、前、後，皆金紫，位次上卿。典京師兵衞，〔四夷〕屯警。〔二〕續漢志補注

惠帝改太常爲奉常，景帝復爲太常，蓋周官宗伯也。藝文類聚職官部、太平御覽職官部

五官中郎解，其府對太學。續漢志補注

左中郎解，其府府次五官。續漢志補注　案：當作「次五官府」，誤倒。

三署郎見光祿勳，執板拜；見五官、左、右將，執板不拜。於三公諸卿無敬。續漢志補注

虎賁中郎將主虎賁千五百人，無常員，多至千人。案：太平御覽引「多」上有「郎」字。戴鶡冠，次右將府。又虎賁舊作「虎奔」，〔三〕言如虎之奔也。王莽以古有勇士孟賁，故名焉。續漢志補注、後漢書孔融傳注、北堂書鈔設官部、太平御覽職官部

羽林郎百二十八人，無常員，府次虎賁府。續漢志補注

謁者僕射見尚書令，對揖無敬。謁者見，執板拜之。續漢志補注

謁者案：續漢志補注引無此二字。〔四〕出府丞、長史、陵令，案：光武紀注引無此七字。皆選儀容端正，任奉使者。後漢書光武紀注、續漢志補注

南宮至北宮，中央作大屋，複道，三道行，天子從中道，從官夾左右，案：太平御覽居處部引作「複道

三行，天子按行中央，臺官從左右」。十步一衞。兩宮相去七里。後漢書光武紀注　案：文選古詩十九首注引「南宮、北宮，相去七里」。

宮中諸有劾奏罪，左都候執戟戲車縛送付詔獄，在官大小各付所屬。以馬被覆。見尚書令、尚書僕射、尚書，皆執板拜；見丞、郎皆揖。續漢志補注

正月旦，百官朝賀，光祿勳劉嘉、廷尉趙世各辭不能朝，高賜舉奏：「皆以被病篤困，空文武之位，闕上卿之贊，既無忠信斷金之用，而有敗禮傷化之尤，不謹不敬！請廷尉治嘉罪，河南尹治世罪。」議以世掌廷尉，故轉屬他官。續漢志補注

少府符著出見都官從事，〔五〕持板。都官从事入少府見符著，持板。續漢志補注

侍中，常伯，選舊儒高德，博學淵懿。案：太平御覽引作「博学洞達」。仰占俯視，切問近對，喻旨公卿，上殿稱制，參乘佩璽秉劍。員本八人，陪見舊在尚書令、僕射下，尚書上；今官出入禁中，更在尚書下。司隸校尉見侍中，執板揖，河南尹亦如之。又侍中舊與中官俱止禁中。案：唐六典引下有「宿直盧在石渠門外」八字。武帝時，侍中莽何羅案：唐六典引作「馬何羅」。挾刃謀逆，由是侍中出禁外，有事乃入，畢即出。王莽秉政，侍中復入，與中官共止。案：唐六典引作「復止禁中」。章帝元和中，侍中郭舉與後宮通，拔佩刀驚上，舉伏誅，由是侍中復出外。〔六〕續漢志補注、唐六典六、〔七〕太平御覽職官部

尚書令主贊奏，總典綱紀，無所不統，〔八〕秩千石，案：藝文類聚引作「秩二千石」。銅印墨綬。北堂書鈔設官部、藝文類聚職官部

故公爲之者，朝會(不)〔下〕陛奏事，〔九〕增秩二千石，故自佩銅印墨綬。續漢志補注

尚書奏事於明光殿，省中畫古烈士，重行書讚。初學記職官部

省中皆以胡粉塗壁，紫素界之，畫古烈士。初學記居處部〔一〇〕

尚書僕射主開封，掌授廩給錢穀也。北堂書鈔設官部

僕射主封門，掌授廩假錢穀。凡三公、列卿、將、大夫、五營校尉行復道中，遇尚書僕射、左右丞郎、御史中丞、侍御史，皆避車豫相迴避。衞士傳不得迕臺官，〔臺官〕過後乃得去。〔一一〕續漢志補注

尚書典天下歲盡集課事。三公尚書二人，典三公文書。吏曹尚書典選舉齋祀，屬三公曹。靈帝末，梁鵠爲選部尚書。〔一二〕續漢志補注

常侍曹主常侍、黃門、御史事，世祖改曰吏曹。續漢志補注

二千石曹掌中郎官水火、〔一三〕盜賊、辭訟、罪眚。續漢志補注

民曹典繕治功作，監池、苑、囿、盜賊事。續漢志補注

客曹天子出獵，駕，御府曹郎屬之。續漢志補注

尚書左、右丞典臺事，繩糾無所不惣。太平御覽職官部

左、右丞對揖，稱左、右君也。〔一四〕北堂書鈔設官部

尚書左丞總典臺中綱紀，無所不統。續漢志補注、初學記職官部

右丞與僕射對掌授廩假錢穀，〔一五〕與左丞無所不統。 凡中宮漏夜盡，鼓鳴則起，鐘鳴則息。衞士甲乙徼相傳，甲夜畢，傳乙夜，相傳盡五更。衞士傳言五更，未明三刻後，雞鳴，衞士踵丞郎趨嚴上臺，不畜宮中雞。汝南出雞鳴，衞士候朱雀門外，專傳雞鳴於宮中。續漢志補注

尚書郎初從三署詣臺試，初上臺稱守尚書郎，中歲滿稱尚書郎，三年稱侍郎。〔一六〕案：北堂書鈔設官部、初學記職官部引下有「凡三十四人，選吏能者爲之」。 客曹郎主治羌胡事，劇遷二千石或刺史，其公遷爲縣令，秩滿自占縣去，詔書賜錢三萬與三臺祖餞，餘官則否。治嚴一月，準謁公卿陵廟乃發。御史中丞遇尚書丞、郎，避車執板住揖，丞、郎坐車舉手禮之，車過遠乃去。尚書言左、右丞，敢告知如詔書律令。郎見左、右丞，對揖無敬，稱曰左、右君。丞、郎見尚書，執板對揖，案：此「對」字當衍，後同。稱曰明時。見令、僕射，執板拜，朝賀對揖。續漢志補注

尚書郎晝夜更直于建禮門內。北堂書鈔設官部、初學記職官部、文選沈休文和謝宣城詩注 案：「晝夜更直」北堂書鈔、初學記引作「夜直五日」。〔一七〕

省閤下大屏稱曰丹屏，尚書郎含雞舌香，伏其下奏事。太平御覽居處部

尚書郎入直臺中，官供新青縑白綾被，〔一八〕或錦被，晝夜更宿，帷帳畫，通中枕，卧旃蓐，冬夏隨時改易。太官供食，五日一美食。〔一九〕後漢書鍾離意傳注、北堂書鈔設官部、酒食部、初學記職官部、藝文類聚布帛部、太平御覽服用部、布帛部〔二〇〕

尚書郎直，太官供餅餌五熟。太平御覽飲食部

尚書郎伯使一人，〔二一〕女侍史二人，皆選端正者。伯使從至止車門還，女侍史絜被服，〔二二〕案：北堂書鈔、太平御覽引作「潔衣服」。執香爐燒熏，從入臺中，給使護衣服也。後漢書鍾離意傳注、廣韻十一模注、北堂書鈔儀飾部、太平御覽服章部〔二三〕

尚書郎懷香握蘭，趨走丹墀。太平御覽香部

以丹（赤）〔漆〕地，〔二四〕故稱丹墀。廣韻六脂注、文選西京賦注、魏都賦注、廣絶交論注、太平御覽居處部

尚書丞，郎見尚書，執板對揖，稱曰明公。案：「公」續漢志補注引作「時」，見前。尚書郎見左、右丞，對揖無敬，稱曰左、右君。太平御覽禮儀部

尚書令、僕射，〔二五〕給赤管大筆兩枝。〔二六〕北堂書鈔藝文部

尚書令、僕、丞、郎，月賜隃麋大墨一枚，小墨二枚。〔二七〕北堂書鈔藝文部、初學記文部、太平御覽文部

楊喬糾羊柔曰：「柔知丞、郎鴈行，威儀有序。」文選責躬詩注、與陳伯之書注〔二八〕

尚書令史皆選蘭臺、符節上稱簡精練吏有能爲之。〔二九〕續漢志補注

御史中丞遇尚書郎，避車執板住揖，車過乃去之。〔三〇〕北堂書鈔設官部、白帖七十四

中丞掌蘭臺。北堂書鈔設官部

丞，故二千石爲之，或遷侍御史高第，執憲中司，朝會獨坐，內掌蘭臺，督諸州刺史，糾察百寮，〔三一〕出爲二千石。續漢志補注

治書侍御史二人，治廷尉奏事，罪當輕重。〔三二〕北堂書鈔設官部選御史高第補之。續漢志補注

侍御史，秦官。周有御史，掌郡案：當作「邦」。國都邑，案：當作「鄙」萬民之治，案：當作「及萬民之治令」。〔三三〕以贊冢宰。北堂書鈔設官部

其二人者更直。執法省中者，皆糾察百官，督州郡。公法府掾屬高第補之，初稱守，滿歲拜真，出治劇爲刺史、二千石，平遷補令。見中丞，執板揖。續漢志補注

將作大匠位次河南尹。光武中元二年省，謁者領之。章帝建初元年復置。〔三四〕續漢志補注

門候見校尉，執板下拜。續漢志補注　案：「下」當作「不」。〔三五〕

五營司馬見校尉，執板不拜。續漢志補注

越騎校尉掌越騎。續漢志補注

長水校尉主長水、宣曲胡騎。續漢志補注

射聲校尉掌待詔射聲事。〔三六〕續漢志補注

司隸校尉職在典京師，外部諸郡，無所不糾。封侯、外戚、三公以下，無尊卑。入宮，開中道稱使者。每會，後到先去。續漢志補注

司隸詣臺廷議，處九卿上，朝賀處公卿下，陪案：當有「位」字。卿上。初除，謁大將軍、三公，通謁持板揖。公議、〔三七〕朝賀無敬。臺召入宮對見尚書，持板，朝賀揖。續漢志補注

延熹中，京師游俠有盜發順帝陵，賣御物于市，市長追捕不得。周景以尺一詔召司隸校尉左雄詣臺對詰，雄伏于庭荅對，景使虎賁左駿頓頭，血出覆面，與三日期，賊便擒。後漢書周景傳注

都官主雒陽百官，朝會與三府掾同。續漢志補注

河南尹出考案，與從事同。續漢志補注

詔書舊典，案：續漢志補注引有此四字。刺史班宣，周行郡國，省察治狀，黜陟能否，斷治冤獄，案：後漢書光武紀注引此四句，「治狀」作「政教」。以六條問事，非條所問，卽不省。一條，強宗豪右田宅踰制，以強陵弱，以衆暴寡。二條，二千石不奉詔書遵承典制，倍公向私，旁詔守利，侵漁百姓，聚斂爲姦。三條，二千石不恤疑獄，風厲殺人，怒則任刑，喜則淫賞，煩擾苛暴，剥戮黎元，爲百姓所疾，山崩石裂，妖祥訛言。四條，二千石選署不平，苟阿所愛，蔽賢寵頑。五

條，二千石子弟恃怙榮勢，請託所監。六條，二千石違公下比，阿附豪強，通行貨賂，割損政令也。漢書百官公卿表注、續漢志補注

諸州刺史初除，比諸案：此當有脫。持板揖，不拜。續漢志補注

諸州刺史上郡竝列卿府，言「敢言之」。後漢書朱儁傳注

立宋皇后儀尚書令臣囂、僕射臣鼎、尚書臣旭、臣乘、臣滂、臣謨、臣詣稽首言：「伏惟陛下履乾則坤，動合陰陽。羣臣大小咸以長秋宮未定，遵舊依典，章表仍聞，歷時乃聽。令月吉日，以宋貴人爲皇后，應期正位，羣生兆庶莫不式舞。易稱『受茲介祉』，詩云『干祿百福，子孫千億』，萬方幸甚。今吉日以定，臣請太傅、太尉、司徒、司空、太常條列禮儀正處上，羣臣妾無得上壽，如故事。臣囂、臣鼎、臣旭、臣乘、臣滂、臣謨、臣詣愚闇不達大義，誠惶誠恐，頓首死罪，稽首再拜以聞。」制曰：「可。」維建寧四年七月乙未，制詔：「皇后之尊，與帝齊體，供奉天地，祇承宗廟，母臨天下。故有莘興殷，姜任母周，二代之隆，蓋有內德。長秋宮闕，中宮曠位，宋貴人秉淑媛之懿，體山河之儀，威容照耀，德冠後庭。羣寮所咨，僉曰宜哉。卜之蓍龜，卦得承乾。有司奏議，宜稱紱組，以臨兆民。今使太尉襲使持節奉璽綬，宗正祖爲副，立貴人爲皇后。其往踐爾位，〔三八〕敬宗禮典，肅慎中饋，無替朕命，永終天祿。」皇后初卽位章德殿，太尉使持節奉璽綬，天子臨軒，百官陪位。皇后北面，太尉住蓋下，東向，宗正、

大長秋西向。宗正讀策文畢，皇后拜，稱臣妾，畢，住位。太尉襲授爾綬，中常侍長樂太僕高鄉侯覽長跪受璽綬，〔三九〕奏於殿前，女史授婕妤，婕妤長跪受，以授昭儀，昭儀受，長跪以帶皇后。皇后伏，起拜，稱臣妾。訖，黄門鼓吹三通。鳴鼓畢，羣臣以次出。后卽位，大赦天下。皇后秩比國王，卽位威儀，赤紱玉璽。續漢志補注

正月旦，天子幸德陽殿，臨軒。公、卿、將、大夫、百官各陪朝賀。〔四〇〕蠻、貊、胡、羌朝貢畢，見屬郡計吏，皆陛覲，庭燎。宗室諸劉雜會，〔四一〕萬人以上，立西面。位定，公納薦，太官賜食酒，西入東出。既定，上壽。計吏中庭北面立，太官上食，賜羣臣酒食。貢事御史四人執法殿下，虎賁、羽林弧弓撮矢，案：通典引作「挾矢」。陛戟左右，戎頭偪脛啟前向後，〔四二〕左、右中郎將住東西，案：通典引作「位東南」。羽林、虎賁將住東北，五官將住中央，悉坐就賜。作九賓徹樂。案：安帝紀注引無「徹」字。通典引作「散」。舍利案：安帝紀注引下有「之獸」二字。從西方來，戲於庭極，乃畢入殿前，激水化爲比目魚，跳躍就水，作霧案：安帝紀注、文選西京賦注引「就」作「激」。〔四三〕障日。畢，化成黄龍，長八丈，出水游戲於庭，案：通典引作「遨遊」。〔四四〕炫燿日光。以兩大絲繩繫兩柱中頭閒，相去數丈，兩倡女對舞，行於繩上，對面道逢，切肩不傾，又蹋局出身，案：藝文類聚、太平御覽引作「屈身」。藏形於斗中。鍾磬竝作，樂畢，〔四五〕作魚龍曼延。小黄門吹三通，案：太平御覽引「吹」上有「鼓」字。謁者引公卿羣臣以次拜，微行出，罷。卑官在前，尊官在後。德陽殿周旋

容萬人。陛高二丈，〔四六〕皆文石作壇。激沼水於殿下。案：藝文類聚引作「洛水」。〔四七〕畫屋朱梁，玉階金柱，刻鏤作宮掖之好，案：太平御覽引下有「奇禽萬巧」四字。厠以青翡翠，案：太平御覽引「青」上有「丹」字。又下有「竟柱擣以水精」六字。一柱三帶，韜以赤緹。天子正旦節，會朝百官于此。自到偃師，去宮四十三里，望朱雀五闕，德陽，其上鬱律與天連。後漢書安帝紀注、續漢志補注、水經注穀水、通典禮、北堂書鈔樂部兩引，藝文類聚居處部、〔四八〕太平御覽樂部、居處部三引

陰太后崩，前有方相及鳳皇車。北堂書鈔禮儀部、太平御覽禮儀部

十二陵今見在，河南尹無敬也。續漢志補注　案：「今」當作「令」，「在」字當衍。陵令者，太常屬官也。〔四九〕

四姓侍祠侯。〔五〇〕文選讓吏部封侯表注

宮中苑，〔五一〕聚土爲山，十里九坂，種奇樹，案：文選古詩十九首注引「宮中種嘉禾奇樹」。〔五二〕育麋鹿麑麂，鳥獸百種，激上河水，銅龍吐水，銅仙人啣盃，受水下注，天子乘輦遊獵苑中。太平御覽居處部

宮北朱雀門至止車門，內崇賢門，內建禮門。太平御覽居處部

洛陽二十四街，街一亭；十二城門，門一亭。續漢志補注、太平御覽居處部兩引

校勘記

〔一〕「纂盜」原誤作「纂漢」，諸本續漢百官志補注均作「纂盜」，故據正。

〔二〕據諸本續漢百官志補注補「四夷」二字。

〔三〕「又虎賁」以下乃劉昭之語，孫輯引誤。

〔四〕後漢書光武帝紀注亦無「謁者」二字，當依孫氏輯例作小字，以別於正文。

〔五〕「符著」原作「符署」，諸本續漢百官志補注均作「符著」，故據改。下同。

〔六〕「由是」原作「自是」，諸本續漢百官志補注均作「由是」，故改。又此句下唐六典尚引「靈帝時，侍中舍有八區，論者因言員有八人，未詳也」二十字。通典卷二一亦引蔡質漢儀曰「員本八人」，孫輯脫引。

〔七〕「唐六典六」係「唐六典八」之譌。

〔八〕「綱紀」二字原誤倒，據書鈔卷五九、類聚卷四八引改。又孔本書鈔卷五九引「奏」作「事」，「統」作「綜」。

〔九〕惠棟後漢書補注卷二四曰：「以漢官儀、漢官典職校之，乃『下陛奏事』，『下』譌『不』。」點校本從其說而改，今亦據以正之。

〔一〇〕此條初學記居處部有兩引，孫輯脫注。

〔一一〕諸本續漢百官志補注「過後」上均復有「臺官」二字，孫輯脫，故補之。

〔一二〕「梁鵠」原誤作「梁鴻」。鴻，明章時名逸士，豈能於靈帝時出仕！今據諸本引改。

〔一三〕通典卷二一「中郎官」作「中都官」，是。

〔一四〕孔本書鈔卷六〇引作「尚書郎見左右丞，對揖無敬，稱左右君」。

〔一五〕按孔本書鈔卷六〇引作「左丞與僕射掌廪錢穀」，與續漢志補注異。然初學記卷一一作「右丞與僕射掌禀假錢穀諸財用」，文辭略增，而作「右丞」則與續漢志補注同。疑孔本作「左丞」，非。

〔一六〕初學記卷一一「中歲滿」作「中滿歲」，「中」字屬上讀。

〔一七〕初學記卷一一作「夜更直五日」。孔本書鈔卷六〇則作「晝夜更直五日」，與孫案均異。

〔一八〕孔本書鈔卷六〇引作「青縑白綾襆布被」，類聚卷八五作「青綾白綾被」，御覽卷七〇七則作「青練白綾被」，諸載各異。

〔一九〕後漢書鍾離意傳注末有「下天子一等」五字，孔本書鈔卷一四三引亦然。

〔二〇〕此條御覽服用部有兩引，俱見卷七〇七；布帛部亦兩引，一見卷八一六，一見卷八一八，孫注未詳。

〔二一〕諸引中唯後漢書鍾離意傳注引作「伯使一人」。

〔二二〕廣韵卷一上平聲十一模注作「給女史二人，著潔衣服」。

〔二三〕「書鈔儀飾部」係「書鈔服飾部」之譌。又「御覽服章部」係「御覽服用部」之訛。

〔二四〕諸引「赤」俱引作「漆」，故改。又孫注第一出處當作廣韵卷一上平聲六脂注。

〔二五〕孔本書鈔卷一〇四引無「令」字。

〔二六〕孔本書鈔卷一〇四「兩枝」引作「一雙」。

〔二七〕初學記卷二一、御覽卷六〇五均引作「小墨一枚」。又孔本書鈔卷六〇引作「分墨一丸」，且列於上條之末，與他引皆異。

〔二八〕文選注兩引俱作「應劭漢官典職」。

〔二九〕點校本、殿本續漢百官志補注均作「有吏能爲之」。

〔三〇〕孔本書鈔卷六二末句作「丞、郎下車，舉手禮平施也」。

〔三一〕「督諸州」以下九字，又見書鈔卷六二，孫輯脱注。

〔三二〕孔本書鈔卷六二「罪當」作「平罪」。

〔三三〕孔本書鈔卷六二引有「及」字，無「令」字。御覽卷二二七「令」作「今」，屬下讀，是。又此兩引引書均作「漢官儀侍臣下」，孫氏從陳本書鈔入漢官典職，亦非。

〔三四〕「元年」原誤作「二年」，諸本續漢百官志補注均作「元年」，故據以正。

〔三五〕點校本、殿本續漢志補注卽作「不」。

〔三六〕點校本續漢百官志補注「事」作「士」。

〔三七〕點校本、殿本續漢志補注「公議」均作「公儀」，此從汲本。

〔三八〕點校本續漢志補注「其」上復有一「后」字。

〔三九〕通典卷五八作「長秋太僕」。然後漢書宦者傳、靈帝紀均作「長樂太僕」，通典引恐誤。

〔四〇〕通典卷七〇「陪」下有「位」字，疑此脱。

〔四一〕通典卷七〇「雜會」作「親會」，當是。

〔四二〕通典卷七〇「啓前」作「陪前」。

〔四三〕按續漢志補注、後漢書安帝紀注「就水」均作「嗽水」，文選西京賦注、通典卷七〇、御覽卷五六九則作「漱水」。嗽、漱于此皆作盪口解。孫案非。

〔四四〕後漢書安帝紀注作「遨戲」，御覽卷五六九亦同。

〔四五〕通典卷七〇「樂」上有「娼」字，御覽卷五六九作「唱」。點校本後漢書補作「倡」，甚是。

〔四六〕通典卷七〇作「陛高一丈」。

〔四七〕御覽卷一七五亦引作「洛水」。

〔四八〕此條類聚卷六二有兩引，孫氏脱注。

〔四九〕點校本續漢百官志補注卽作「十二陵令見河南尹，無敬也」。

〔五〇〕據文選讓吏部封侯表注補「侯」字。

〔五一〕影宋本御覽卷一九六「中」引作「内」。

〔五二〕胡克家本文選古詩十九首注「嘉禾」作「嘉木」，是。

漢儀一卷

孫星衍敍録

丁孚漢儀，隋志不載。唐志：丁孚漢官儀式選用一卷。與蔡質書同名，不知實本一書，或後人誤合爲一。今録成一卷，題曰「吴太史令」者，見三國志薛綜傳。

漢儀一卷

吴太史令丁孚撰
清孫星衍校集

太僕丞，六百石。續漢志補注

内謁者令，秩千石。漢書宣帝紀注

中宫藏府令，秩千石，儀比御府令。續漢志補注

給事中宫侍郎六人，比尚書郎，宦者爲之。給事黄門四人，比黄門侍郎。給事羽林郎一人，比羽林將虎賁官騎下。續漢志補注

太僕、太中大夫襄言：「乘輿綬，黄地冒白羽，青絳緑五采，四百首，長二丈三尺。詔所下王

綬，冒亦五采，上下無差。諸王綬四采，絳地冒白羽，青黄去緑，〔一〕二百六十首，長二丈二尺。〔二〕公主綬如王。侯，絳地，紺縹三采，百二十首，長丈八尺。二千石綬，羽青地，桃華縹三采，百二十首，長丈八尺。黑綬，羽青地，絳二采，八十首，長一丈七尺。黄綬一采，八十首，長丈七尺。以爲常式。民織綬不如式，没入官，犯者爲不敬。二千石綬以上，禁民無得織以粉組。」皇太后詔可，王綬如所下。續漢志補注、通典職官〔三〕

拜諸侯王公儀太常住蓋下，東向讀文。續漢志補注、通典禮

夏勤策文曰：「維元初六年三月甲子，制詔以大鴻臚勤爲司徒。曰：『朕承天序惟稽古，建爾于位爲漢輔。往率舊職，敬敷五教，五教在寬。左右朕躬，宣力四表，保乂皇家，於戲！實惟秉國之均，旁祇厥緒，時亮天工，可不慎與！勤而案：通典引作「其」。戒之！』」續漢志補注、通典禮

酎金律，文帝所加，以正月旦作酒，八月成，名酎酒。因合案：通典引作「令」。諸侯助祭貢金。續漢志補注、通典禮

九真、交阯、日南者用犀角二，長九寸，若毒瑁甲一；鬱林用象牙一，長三尺以上，若翠羽各二十，準以當金。後漢書章帝紀注

皇后出，乘鸞輅，青羽蓋，駕駟馬，龍旂九旒，大將軍妻參乘，太僕妻御，前鸞旂車，皮軒闟戟，雒陽令奉引，亦千乘萬騎。車府令設鹵簿駕，公、卿、五營校尉、司隸校尉、河南尹妻皆

乘其官車，帶夫本官綬，從其官屬導從皇后。置虎賁、羽林騎、戎頭、黃門鼓吹，五帝車，女騎夾轂，執法御史在前後，亦有金鉦黃鉞，五將導。桑于蠶宮，手三盆于繭館，畢，還宮。續漢志補注

永平七年，陰太后崩，晏駕詔曰：「柩將發于殿，羣臣百官陪位，黃門鼓吹三通，鳴鍾鼓，天子舉哀。女侍史官三百人皆著素，參以白素，引棺挽歌，下殿就車，黃門宦者引以出宮省。太后魂車，鸞路，青羽蓋，駟馬，龍旂九旒，前有方相，鳳皇車，大將軍妻參乘，太僕妻御，悉道。公卿百官如天子郊鹵簿〔儀〕。」〔四〕後和熹鄧后葬，案以爲儀，自此皆降損于前事。續漢志補注

孝靈帝葬馬貴人，贈步摇、赤紱葬，案：初學記引作「赤綬」，無「葬」字。青羽蓋，駟馬。柩下殿，女侍史一百人著素衣挽歌，〔五〕引木下就車，黃門宦者引出宮門。續漢志補注、初學記禮部

桓帝祠恭懷皇后祝文曰：「孝曾孫皇帝志，使有司臣太常撫，夙興夜處，小心畏忌，不墮其身，一不寧。敢用絜牲一元大武，柔毛剛鬣，商祭明視，薌其嘉薦，普淖鹹鹺，豐本明粢，醪用（用）薦酎，〔六〕事於恭懷皇后。尚饗。」嘏辭賜皇帝福：「恭懷皇后命工祝承致多福無疆于爾孝（孫）曾孫皇帝，〔七〕使爾受祿于天，宜稼于田，眉壽萬年。介爾景福，俾守爾民，勿替引之。」太常再拜，太宰左辨以致皇帝。續漢志補注

校勘記

〔一〕點校本續漢輿服志補注據殿本改「緑」作「綠」。又通典卷六三仍作「緑」。

〔二〕點校本續漢輿服志補注作「二丈一尺」，通典卷六三亦同。孫輯從汲本。

〔三〕此引見通典禮部，非職官部。

〔四〕諸本續漢禮儀志補注均作「天子郊鹵簿儀」，故據補「儀」字。

〔五〕點校本續漢禮儀志補注引作「女侍史二百人」。

〔六〕據續漢志補注原引删。

〔七〕同右。

中華書局
初版責編　金　鋒

宋季三朝政要箋證
宋代官箴書五種
契丹國志
西夏書校補
大金弔伐録校補
大金國志校證
聖武親征録（新校本）
元朝名臣事略
明本紀校注
皇明通紀
明季北略
明季南略
國初群雄事略
小腆紀年附考
小腆紀傳
廿二史劄記校證

中國史學基本典籍叢刊　書目

穆天子傳匯校集釋
國語集解
吴越春秋輯校彙考
越絶書校釋
西漢年紀
兩漢紀
漢官六種
東觀漢記校注
校補襄陽耆舊記（附南雍州記）
十六國春秋輯補
洛陽伽藍記校箋
建康實録
荆楚歲時記
大唐創業起居注箋證（附壺關録）
貞觀政要集校（修訂本）
唐六典
鑾書校注
十國春秋
皇朝編年綱目備要
皇宋十朝綱要校正
隆平集校證
宋史全文
宋太宗皇帝實録校注
金石録校證
丁未録輯考
靖康稗史箋證
中興遺史輯校
鄂國金佗稡編續編校注
皇宋中興兩朝聖政輯校
中興兩朝編年綱目
續宋中興編年資治通鑑
續編兩朝綱目備要

職官索引

凡　例

一、本索引爲方便讀者利用《漢官六種》職官資料而編製。

二、凡《漢官六種》中涉及到的職官，不分職位高低，均予收録。又孫星衍輯本中用小字補標的職名，亦收。而諸如三公、九卿、掾屬等泛稱，以及叙録、提要、案語、注文中之職名，則不取。

三、因《漢舊儀》、《漢官儀》等書兼及爵制，本索引亦收入。

四、原書所用異體字、古體字、通假字，均沿其舊。

五、本索引采用四角號碼檢字法編排。各條先列第一個字的四角號碼，如 0010_4 主；再取第二個字的上兩角的號碼列于各子條目之前，如 20 主爵都尉；各子條目若第二個字前兩角號碼相同，則暗取下兩角號碼列序，以此類推。

六、同職異稱的官名，凡不同時期或朝代的則仍其舊；而同一時期或朝代的則取其正式、完整又習見的官名爲主條目，它如簡稱、别稱、俗謂入互見條目。如三公尚書見三公曹尚書，夕郎見黄門郎。

七、漢三公、列卿、州郡縣鄉等各級府衙中，均有一些職名相同的屬吏，如丞、佐、主簿、學事等等，則各以其職名爲首條目，凡不詳所屬者均從之；而有明確所屬者則列于後，各加圓括號以注明之，如“丞”條，下列丞（郡）、丞（雒陽市）、丞（衛率）、丞（縣）……，其次第以所屬主吏第一個字的四角號碼先後編排。

八、本索引只注頁碼，不注何書何卷。

九、末附筆畫檢字表，以備查閲。

0010_4 主

20主爵都尉　17

30主客曹尚書　32,64,141

主客尚書　見主客曹尚書

88主簿(诸公主)　5

主簿(丞相)　36,67

主簿(衛尉)　185

主簿(大鴻臚)　185

主簿(太常)　185

主簿(光禄勳)　129

0020_1 亭

27亭候　49,81,153

71亭長　48,49,58,81,102,153

0021_4 廐

80廐令(承華廐)　133

廐令(未央大廐)　133

廐令(長樂廐)　133

0021_7 廬

30廬宅　1

0022_7 市

71市長　208

0023_1 庶

17庶子　46,47,78,79

庶子(周朝)　51,84

庶子舍人①　46,78

0024_1 度

34度遼將軍　126,127

0028_6 廣

07廣部尉　47,80

0029_4 廪

28廪犧令　6,135

0040_0 文

77文學(廷尉)　5

文學(衡尉)　3

文學(大司農)　5

文學(大行令)　5

文學(大鴻臚)　5

文學(太僕)　4

文學(執金吾)　7

文學守助掾　8

0040_3 率

10率更令　46,78

0040_8 卒

50卒史　53,85

卒史(郡)　38,69,93

0073_2 玄

13玄武司馬　4

0090_6 京

32京兆尹　17,92

① 疑太子舍人之誤。

京兆虎牙都尉 151

0460₀ 計

30計室掾史① 38,70
50計吏 115,147,182,183,210

0464₇ 護

27護烏桓校尉 154
35護漕都尉 145
80護羌校尉 154,155

0466₀ 諸

10諸王 見王
27諸侯 見王
諸侯 見列侯
諸侯(先秦) 51,83,132
諸侯王 見王
諸侯王傅 見太傅(諸侯王國)
50諸吏 見光祿勳

0562₇ 請

10請雨 1

0569₆ 諫

08諫議大夫 3,13,15
40諫大夫 13,37,68,129

0662₇ 謁

44謁者 3,24,33,35,36,46,65,66,67,78,90,91,116,125,129,132,133,141,147,154,183,202,207,210
謁者僕射 132,202
謁者曹 33,64

0710₄ 望

37望郎 128

0762₇ 部

47部都尉 48,81,153
74部尉 見部都尉

0823₂ 旅

24旅帥 53,85

0864₀ 許

72許氏 1

0865₃ 議

37議郎 3,37,58,68,130,132,136,183
55議曹 38,69

1010₀ 二

10二百石(衛尉) 3
二百石(宗正) 5
二百石(大司農) 5
二百石(大行令) 5
二百石(大鴻臚) 5
二百石(太僕) 4
二百石(執金吾) 7
二百石(少府) 6
二百石廷史 5
20二千石曹 204

① 一作“記室掾史”。

---

① 即三公曹尚書。

② 即伍伯。

百石(太祝令) 2
百石(太宰令) 2
百石(太常) 1
百石(少府) 6
百石(光禄勳) 2
百石卒史(河南尹) 8
百石嗇夫 6
百石屬(丞相) 36,67

1080_6 貢

50貢事御史 210

1090_0 不

10不更 51,84

1111_0 北

30北宫衛士令 133
37北軍中候 7,148
北軍尉 91,92
50北屯司馬 4

1113_6 蠶

30蠶官令 45,77
蠶官丞 45,77

1220_0 列

27列侯 17,21,22,24,32,35,36,48,52,63,66,67,80,85,90,93,105,127,175,176,186,188,189,218

1223_0 水

21水衡 見水衡都尉
水衡都尉 40,54,72,92

1240_1 廷

74廷尉 1,5,15,16,133,145,203,207
廷尉正 36,37,40,67,68,72
廷尉平 37,40,68,72
廷尉曹史 134
廷尉監 36,37,40,67,68,72

1314_0 武

00武庫令丞 145

1412_7 功

55功曹(郡) 153,

1710_3 丞

丞 90,129,189,202
丞(廪犧令) 6
丞(王國中尉) 48,80
丞(郡) 38,48,70,74,81,151,153
丞(雒陽市) 6
丞(雒陽令) 8
丞(上林苑) 83
丞(衛率) 46,79
丞(縣) 20,48,49,81,82,131,152,154
丞(大司農) 135
丞(太僕) 217
丞(太官令) 91,135,136
丞(太史令) 88
丞(太常) 88

丞(内史令) 48,80

丞(執金吾) 145

丞(藉田倉) 55,103

丞(中更) 46

丞(食官令) 47,79

46丞相 17,30,32,35,36,37,38,39,40,44,50,62,66,67,68,69,70,71,72,73,76,82,89,93,103,123,124,125,126,150,201,202

丞相少史 37,68

丞相少史屬 40,72

丞相御史 64,103,141

丞相史 36,40,67,72,137

丞相掾史 41,73

50丞史 49,82

丞吏 見丞史

1712_0 羽

44羽林郎 90,130,131,185,202

羽林左監 131

羽林左騎 131

羽林右監 131

羽林將 見羽林中郎將

羽林中郎將 210

羽林騎孤兒 35,66,131

1760_7 君

27君侯 36,38,39,67,69,70,71

1762_0 司

24司徒 1,5,17,121,123,124,125,181,201,209,218

30司空 1,7,12,122,124,126,181,209

司空(縣道官獄) 124

40司直(丞相) 36,40,67,68,73,124

45司隸 見司隸校尉

司隸校尉 1,40,73,88,92,124,148,203,208,218

司隸功曹從事 149

司隸都官從事 149

55司農 見大司農

71司馬 見大司馬

司馬 122,129

司馬(度遼將軍) 127

司馬(護羌校尉) 155

司馬(五營) 207

司馬(郡) 48,81,153

司馬(烏桓校尉) 154

司馬(洛陽十二門) 147

1762_7 郡

00郡庫令 154

30郡守 見太守

74郡尉 151

1780_1 翼

17翼子 46

2024_1 辭

55辭曹① 38,69

① 原文作"四辭"。

2040_0 千

80千人 122

千人(郡) 48,81,153

2061_4 雒

50雒中小侯 176

76雒陽市長 6

雒陽令 8, 23, 105, 154, 185, 218

2110_0 上

04上計丞 41,73

34上造 51,84

44上林苑令 6

上林詔獄 92

77上卿 13,53

2120_1 步

72步兵校尉 8,148

2121_0 仁

46仁恕掾 149

2121_7 伍

71伍長 53,85

虎

40虎賁將 見虎賁中郎將

虎賁郎 66,130

虎賁中郎將 116,130,131,202, 210

2122_7 衛

00衛率 46,79

27衛將軍 202

74衛尉 3,4,14,17,30,32,34,39, 61,63,65,71,185

80衛公 176

2172_7 師

24師帥 53,86

2223_4 僕

僕 見尚書僕射

僕(諸侯王國) 48,80

僕(諸公主) 5

僕(鄉公主) 134

僕(太子) 46,78

24僕射(諸侯王國) 37,68

僕射(侍中) 137

僕射(期門) 34,66

2224_7 後

27後將軍 12,35,66,126,202

2224_8 巖

37巖郎 見嚴郎

2293_0 私

00私府長(諸公主) 5

私府長(長公主) 134

30私官 31,63

2299_3 縣

30縣宰 49,82
71縣長 48,49,50,51,81,82,84,
100,152,153,154,189
80縣令 48,49,50,51,53,81,82,
84,85,100,120,152,153,154,
189,205,207

2320_0 外

30外官丞 6
40外臺 141

2324_2 傅

傅(鄉公主) 134
傅(長公主) 134

2390_0 秘

50秘書監 129

2420_0 什

71什長 53,85

射

47射聲 見射聲校尉
射聲校尉 8,148,208

2421_1 佐

佐(廩犧令) 6
佐(廷尉) 5
佐(郡) 18
佐(雒陽市) 6
佐(衛尉) 3
佐(宗正) 5
佐(大予樂令) 2
佐(大司農) 5
佐(大行令) 5
佐(大鴻臚) 5
佐(太僕) 4
佐(太祝令) 2
佐(太宰令) 2
佐(太常) 1
佐(少府) 6
佐(光禄勳) 2
50佐史(雒陽令) 8
77佐學事(執金吾) 7

2424_1 侍

27侍御史 16,23,32,35,40,58,
63,66,73,88,115,132,144,
145,183,184,204,207
37侍祠侯 155,211
侍郎 63,105,130,142,205
50侍中 15,23,31,32,35,40,44,
46,47,62,63,64,66,68,72,
76,78,79,105,115,116,133,
136,137,138,140,185,187,
203
侍中舍人 138
55侍曹尚書 見常侍曹尚書
77侍閤(衛尉) 185
侍閤(太常) 185

待

07待詔(掖庭) 6
待詔射聲 208

待詔博士 129

2454₁ 特

30特進 17,24,155,183,186
特進侯 見特進

2492₇ 納

00納言 16
納言 見羲和

2520₆ 使

27使匈奴中郎將 154
44使者(西域) 155

2590₀ 朱

20朱爵司馬 4

2620₀ 伯

25伯使 155

2711₇ 龜

23龜卜 1

2720₀ 夕

37夕郎 見黄門郎、黄門侍郎

2722₀ 御

00御府 見御府令
御府曹郎 204
御府令 7,217
50御史 16,24,32,36,39,40,58,63,68,69,71,72,88,93,141,144,145,150,204,207
御史大夫 16,35,36,41,44 66,67,73,76,93,123,124,144
御史臺 133
御史中丞 16,32,35,40,63,66,73,88,125,140,144,204,205,207
御史令史 38,69
御史少史 40,72
御史少史屬 40,72
77御屬(太傅) 1

2722₇ 脩

21脩行(雒陽令) 8
脩行(河南尹) 8

鄉

24鄉佐 8
40鄉有秩 8

2723₄ 侯

侯 見列侯
侯(爵) 見關内侯

2723₄ 候

候 129
候(郡) 48,153
候(洛陽十二門) 147
60候日 2
候星 2
候晷景 2
77候風 2
80候氣 2
82候鍾律 2

2724_2 將

將 210

28將作大匠 17,58,92,106,147,
207

37將軍 1,32,35,44,53,63,66,
67,76,86,126,127,175,189

2724_7 假

假(雒陽令) 8

24假佐 18

假佐(廷尉) 5

假佐(太僕) 4

假佐(太常) 1

2725_2 解

60解事 1

2726_1 詹

50詹事 40,72,146

2732_7 烏

41烏桓校尉 見護烏桓校尉

2760_4 督

27督郵(郡) 153

2790_1 祭

31祭酒(博士) 13,128,129

祭酒(侍中) 137

2824_0 徹

27徹侯 見列侯

徵

50徵事 38,69

2828_1 從

30從官(請公主) 5

從官(虎賁中郎將)66

從官(先帝陵) 2

從官(祠祀令) 7

從官祿士 7

50從事(郡) 149,150,208

從事(州) 37,68,93,150

2896_1 給

50給事 133

給事羽林郎 217

給事黄門 見給事黄門侍郎

給事黄門侍郎 138,217

給事中 15,32,64,93,138

給事中宫侍郎 217

3020_7 户

55户曹尚書 見民曹尚書

3023_2 永

22永樂太僕 146

44永巷長(長公主) 134

永巷令 6,139

永巷令(長公主) 134

家

00家府 46,78

10家巫 7

3033_6 憲

3034_2 守

3040_1 宰

3060_4 客

3060_6 宫

3060_8 容

3071_7 宦

3077_7 官

3090_1 宗

3090_4 宋

案

3112_0 河

① 第38、39頁引文作"補賊決"。

3721_7 冗

28冗從吏僕射 31,33,63

3722_0 祠

37祠祀令 7

3730_2 通

27通侯 見列侯
40通大鴻臚 7

3730_8 選

07選部尚書 204

3750_6 軍

27軍將 53,86

3772_7 郎

郎 見尚書郎
郎 32,57,58,89,90,129,141,183
郎(諸侯王國) 48,80
27郎將 見中郎將
28郎從官 34,35,65,66
50郎中 7,34,46,65,78,87,90,93,130,132
郎中令 34,65,130
郎中令(諸侯王國) 37,48,58,68,80,132
60郎署 47,79

3814_7 游

28游徼 49,81,153

3834_3 導

30導官 6,91

4001_1 左

00左庶長 52,84
10左更 52,85
17左丞(太官令) 135
22左僕射(尚書) 140
27左將軍 12,35,66,126,202
30左户將 34,65
左户郎 34,65
31左馮翊 17,92
40左內史 17
74左都候 3,203
50左車將 34,65
左車郎 34,65
左中郎將 33,35,65,66,89,130,202,210
55左曹(給事中) 93
左曹(黃門署) 33,64
左曹(光祿勳) 34,65
左曹(尚書) 141
60左署 130
74左尉(上林苑) 83
左尉(縣) 154
左尉(長安) 47,80

4003_0 大

00大庶長 52,85
17大予樂令 2,129
大司徒 123,124,201
大司空 48,80,123,124

大司農　1,5,7,15,121,134,135

大司馬　12,17,37,68,122,123,201

21大上造　52,85

大行令　5,56,101,134

27大將軍　23,93,104,121,181,183,184,202,208

30大宰令　2,88

37大鴻臚　5,15,17,50,56,82,90,101,134,185,218

50大夫　32,105,132,175,186,204,210

大夫(諸侯王國)　48,80

大夫(爵)　51,53,84,85

55大農令　135

71大長秋　44,76,210

太

17太子師　見太子太傅

太子僕　146

太子家獄令　92

太子洗馬　7

太子太傅　17,46,78,92,146

太子少傅　7,17

太子中允　146

太子舍人　7,146

21太師　17,121

22太僕　4,5,14,23,57,90,104,105,184

23太傅　1,12,119,120,121,209

太傅(諸侯王國)　37,48,68,80

26太保　121,156

30太守　17,21,23,35,38,48,49,51,66,70,74,80,81,82,84,149,150,152

太宰　見大宰令

太官　31,33,63,64,83,91,136,143,183,206,210

太官右監丞　136

太官令　6,91,135,136

36太祝　見太祝令

太祝令　2,88

50太史　見太史令

太史待詔　1

太史令　2,88,89,127,128

太史公　見太史令

太中大夫　3,13,217

74太尉　4,120,121,122,123,124,142,176,181,201,209,210

77太醫　123

太醫令　6,135,180

80太倉令　5

90太常　1,4,13,35,55,56,66,88,89,100,103,127,128,176,179,183,185,202,209,218,219

4010₀ 士

士　51,84

4010₇ 直

50直吏(諸公主)　5

4022₇ 内

06内謁者令　見中謁者令

44内者令　見中謁者令
50内史　16,48,80
60内署　139

有

25有秩(鄉)　8
有秩(河南尹屬縣)　8
有秩(太祝令)　2
有秩(太宰令)　2

南

11南北廬主事　129
50南屯司馬　4
77南閣祭酒　37,69

4034_1 寺

10寺互　92

4040_0 女

27女御長　44,45,76,77

4046_5 嘉

34嘉法　1

4060_0 右

00右庶長　52,84
10右更　52,85
17右丞(御府)　7
右丞(永巷令)　6
27右僕射(尚書)　140
右將軍　12,35,66,126,202
30右户將　34,65
右户郎　34,65
40右内史　17
47右都候　3
50右車將　34,65
右車郎　34,65
右中郎將　33,35,65,66,89,130,210
55右扶風　17
右曹(給事中)　93
右曹(黄門署)　33,65
右曹(光禄勳)　34,65
右曹(尚書)　141
60右署　130
74右尉(上林苑)　83
右尉(縣)　154
右尉(長安)　47,80

4060_1 嗇

50嗇夫　8

4091_4 柱

10柱下史　115,144,145
22柱後　見柱下史
50柱史　見柱下史

4094_8 校

74校尉　132,175,181,183
校尉(西域)　155
校尉(雒陽城門)　147

4304_2 博

40博士　13,37,57,58,68,87,89,128,129,132,186
博士祭酒　89,129

① 一作"鼓武吏",非。

4490_4 菓

4623_2 猥

4690_0 相

4742_0 朝

4762_0 胡

4762_7 都

4782_0 期

4824_0 散

4844_1 幹

5000_6 中

史

吏

車

5003_0 夫

5004_7 掖

5010_6 畫

5043_0 奏

5050_3 奉

5060_1 書

5071_7 屯

① 原文作"八奏"。

5090_0 未

5090_6 東

5225_7 靜

5290_0 剌

5320_0 戊

5503_0 扶

5523_2 農

5580_1 典

5703_2 掾

6010_0 日

6013_2 暴

6021_0 四

6022_7 易

6060_4 署

署(鉤盾) 7

71署長 47

署長(宦者署) 47,79

署長(郎署) 47,79

6240_0 别

33别治中水官 6

46别駕 37,68,149,150

90别火 90

6385_0 賊

55賊曹 38,69,123

6624_8 嚴

37嚴郎 90,131

6702_0 明

07明部尉(長安) 47,80

34明法律郎 7

90明堂丞 2

7064_1 辟

50辟車(衛尉) 185

辟車(太常) 185

7121_4 陛

71陛長 2

7139_1 驃

74驃騎 見驃騎將軍

驃騎將軍 126,202

7173_2 長

長 見縣長

長(玉堂署) 115,139

長(畫室署) 115,139

12長水 見長水校尉

長水校尉 8,148,207

20長信少府 146

22長樂廄丞 4

長樂太僕 210

長樂少府 146

30長安令 37,47,68,80

50長史 41,73,126,129,202

長史(度遼將軍) 127

長史(護羌校尉) 155

長史(諸侯王相) 48,80

長史(司徒) 89,123

長史(司空) 123

長史(郡) 38,41,48,70,74,80

長史(後將軍) 12

長史(烏桓校尉) 154

長史(邊郡) 48,81,151,153

長史(左將軍) 12

長史(太傅) 1

長史(太尉) 87,123

長史(右將軍) 121

長史(前將軍) 12

7420_0 尉

尉(縣) 20,49,81,82,93,131,
152,153,154,189

50尉史 49,82

尉吏 見尉史

55尉曹官 49,81

7424_7 陵

60陵園丞 129
陵園令 129,202
陵園食監 129
80陵令 見陵園令

7430_0 駙

71駙馬都尉 3,92

7431_1 驍

74驍騎 見驍騎校尉
驍騎校尉 148

7432_1 騎

00騎亭長 36,68
37騎郎 138
47騎都尉 3
50騎史 37,68
騎吏(廷尉) 5
騎吏(衛尉) 185
騎吏(司空) 116,124
騎吏(宗正) 5
騎吏(大鴻臚) 5
騎吏(太僕) 4
騎吏(太常) 1,185
騎吏(少府) 6
騎吏(光禄勳) 2

7622_7 陽

74陽陵令 129

7623_2 隈

04隈諸侯 155

7630_0 駟

50駟車庶長 52,85

7722_0 門

27門候 207
30門户四尚 31,63
40門大夫(太子) 7,46,78,147

7722_7 屬

屬(丞相) 37,69
屬(御史) 40,72
50屬史(丞相) 37,69
60屬國都尉 151

7724_7 殿

23殿外郎署 30,61
40殿内郎署 30,61

7726_4 屠

44屠者(太祝) 2
屠者(太宰) 2

7732_7 騶

22騶僕射(祠祀令) 7
騶僕射(長公主) 134

7740_7 學

50學事(廪犧令) 6
學事(衛尉) 3

學事(宗正) 5
學事(大予樂令) 2
學事(大司農) 5
學事(大行令) 5
學事(大鴻臚) 5
學事(太僕) 4
學事(太祝令) 2
學事(太宰) 2
學事(太常) 1
學事(少府) 6
學事(光祿勳) 2

7760_1 醫

醫(太史) 1
醫(太醫) 6

7772_0 卿

40卿大夫 51,83,84,132,186

7774_7 民

55民曹 33,64,204
民曹尚書 32,64,141

7777_2 關

40關内侯 17,52,67,85

7810_7 監

17監丞 (先帝陵食監) 2
27監御史 40,72
30監察黎陽謁者 125
監察御史 1
35監津渠漕水掾 8

鹽

30鹽官 21

7823_2 隊

71隊長佐 4

8010_9 金

10金吾 見執金吾

8022_1 前

27前將軍 12,35,66,126,202

8025_3 羲

26羲和 135

8030_7 令

令 見縣令
令(上林苑) 83
令(羽林孤兒) 35,66
令(内者署) 139
令(藉田倉) 55,103
50令史 38,49,69,82
令史(司徒) 124
令史(雒陽令) 8
令史(將軍) 127
令史(太傅) 1
令吏 見令史

8060_4 舍

80舍人(大將軍) 126
舍人(太子) 46,47,78,79
舍人(太史) 2

① 原作“尚書符璽郎”。

41尚帳 92
50尚書 12,16,32,33,34,35,39,40,47,50,64,65,67,71,72,79,82,91,93,129,140,141,142,186,190,203,204,205,206,208,209
尚書丞 32,64,116,142,143,183,203,206
尚書僕射 32,64,116,140,141,142,143,188,203,204,205,206,209
尚書郎 33,64,115,116,129,142,143,183,203,204,205,206,207,217
尚書郎中 142
尚書左丞 140,141,142,204,205,206
尚書右丞 140,141,142,204,205,206
尚書曹郎 143
尚書令 23,32,64,88,116,123,124,125,140,141,143,179,183,202,203,204,206,209
尚書令史 35,66,142,206
80尚食 92

常

24常侍 見中常侍
常侍侍郎 33,65,139
常侍郎 見常侍侍郎
常侍曹 204
常侍曹尚書 32,64,141

9050_2 掌

48掌故 89,128

筆畫索引

本索引滙集《職官索引》中官名、爵名的第一個單字，依筆畫部首排列。漢字後的數字，前者為四角號碼；後者為頁碼。

二畫

二 1010_0 3

三畫

三 1010_1 4
下 1023_0 4
上 2110_0 7
千 2040_0 7
士 4010_0 14
夕 2720_0 9
大 4003_0 13
女 4040_0 15
小 9000_0 23

四畫

不 1090_0 5
中 5000_6 17
五 1010_7 4
仁 2121_0 7
什 2420_0 8
内 4022_7 14
公 8073_2 23
冗 3721_7 13
太 4003_0 14
夫 5003_0 18
少 9020_0 23
屯 5071_7 18
户 3020_7 10
文 0040_0 2
斗 3400_0 12
日 6010_0 19
水 1223_0 5
王 1010_4 4

五畫

主 0010_4 2
令 8030_7 22
功 1412_0 5
北 1111_0 5
司 1762_0 6
右 4060_7 15
史 5000_6 18
四 6021_0 19
外 2320_0 8
左 4001_1 13
市 0022_7 2
平 1040_9 4
戊 5320_0 19
未 5090_0 19
民 7774_7 22
永 3023_2 10
玄 0073_2 2
玉 1010_3 4

六畫

丞 1710_3 5
伍 2121_7 7
光 9021_1 23
列 1220_0 5
吏 5000_6 18
守 3034_2 11
寺 4034_1 15
州 3200_0 12
式 4310_0 16
有 4022_7 15

朱 2590_0 9
百 1060_0 4
羽 1712_0 6
考 4420_7 16
西 1060_0 4

七畫

佐 2421_1 8
伯 2620_0 9
別 6240_0 20
君 1760_7 6
孝 4440_1 16
宋 3090_4 11
廷 1240_1 5
扶 5503_0 19
步 2120_1 7
決 3513_0 12
私 2293_0 7
車 5000_6 18

八畫

京 0090_6 2
侍 2424_1 8
使 2520_6 9
典 5580_1 19
刺 5290_0 19
卒 0040_8 2
奉 5050_3 18
官 3077_7 11
宗 3090_1 11
尚 9022_7 23
易 6022_7 19
明 6702_0 20
東 5090_6 19
武 1314_0 5
河 3112_0 11
治 3316_0 12
法 3413_1 12
直 4010_7 14
舍 8060_4 22
虎 2121_7 7
金 8010_9 22
長 7173_2 20
門 7722_0 21

九畫

亭 0020_1 2
侯 2723_4 9
前 8022_1 22
南 4022_7 15
奏 5043_0 18
客 3060_4 11
宦 3071_7 1
度 0024_7 2
後 2224_7 7
待 2424_1 8
柱 4091_4 15
洗 3411_1 12
洛 3716_4 12
相 4690_0 17
胡 4762_0 17
苑 4421_2 16
若 4460_4 16
計 0460_0 3
軍 3750_6 13
食 8073_2 23

十畫

候 2723_4 9
卿 7772_0 22
城 4315_0 16
家 3023_2 10
宰 3040_1 11
宮 3060_6 11
容 3060_8 11
射 2420_0 8
師 2172_7 7
旅 0823_2 3
書 5060_1 18
朔 8742_0 23
案 3090_4 11
校 4094_8 15
烏 2732_7 10
特 2454_1 9
祝 3621_0 12
祠 3722_0 13
秘 2390_0 8
納 2492_7 9
脩 2722_7 9
貢 1080_6 5
郡 1762_7 6
郎 3772_7 13
陛 7121_4 20

十一畫

假 2724_7 10
執 4441_7 16
將 2724_2 10
尉 7420_0 20

常 9022_7 24
庶 0023_1 2
御 2722_0 9
從 2828_1 10
掖 5004_7 18
望 0710_4 3
率 0040_3 2
祭 2790_1 10
符 8824_3 23
許 0864_0 3
通 3730_2 13
部 0762_7 3
都 4762_7 17
陵 7424_7 21
黄 4480_6 16

十二畫

傅 2324_2 8
博 4304_2 15
屠 7726_4 21
廐 0021_4 2
掾 5703_2 19
掌 9050_2 24
散 4824_0 17
朝 4742_0 17
期 4782_0 17
湯 3612_7 12
游 3814_7 13
猥 4623_2 17
畫 5010_6 18
給 2896_1 10
菓 4490_4 17
越 4380_5 16
鄉 2722_7 9
陽 7622_7 21
隈 7623_2 21
隊 7823_2 22

十三畫

嗇 4060_1 15
幹 4844_1 17
殿 7724_7 21
督 2760_4 10
萬 4422_7 16
解 2725_2 10
詹 2726_1 10
賊 6385_0 20
辟 7064_1 20
農 5523_2 19
鉤 8712_0 23
鈴 8813_7 23
鼓 4414_7 16

十四畫

僕 2223_4 7
嘉 4046_5 15
廣 0028_6 2
獄 4323_4 16
監 7810_7 22
署 6060_4 20
蒼 4460_7 16
雒 2061_4 7

十五畫

徹 2824_0 10
徵 2824_0 10
暴 6013_2 19
諸 0466_0 3
請 0562_7 3
駙 7430_0 21
駟 7630_0 21

十六畫

學 7740_7 21
導 3834_3 13
廩 0029_4 2
憲 3033_6 11
機 4395_0 16
縣 2299_3 8
衛 2122_7 7
諫 0569_6 3
謁 0662_7 3
選 3730_8 13
靜 5225_7 19
龜 2711_7 9

十七畫

濯 3711_4 12
羲 8025_3 22
翼 1780_1 6
鴻 3712_7 12

十八畫

簪 8860_1 23
醫 7760_1 22
騎 7432_1 21

十九畫

廬 0021_7 2

辭 2024_1 6
關 7777_2 22

二十畫

嚴 6624_8 20
籍 8896_1 23
議 0865_3 3
騶 7732_7 21

二十一畫

屬 7722_7 21
灌 3411_4 12
蘭 4422_7 16
護 0464_7 3
鐵 8315_0 23
驃 7139_1 20

二十二畫

驍 7431_1 21

二十三畫

巖 2224_8 7

二十四畫

蠶 1113_6 5
靈 1010_8 4
鹽 7810_7 22